감정노동자 보호 매뉴얼

고객응대근로자 보호 매뉴얼,
이렇게 작성하라!

감정노동자 보호 매뉴얼

고객응대근로자 보호 매뉴얼, 이렇게 작성하라!

초판 1쇄 인쇄일 2021년 8월 20일
초판 1쇄 발행일 2021년 8월 27일

지은이 박종태
펴낸이 양옥매
디자인 김영주

펴낸곳 도서출판 책과나무
출판등록 제2012-000376
주소 서울특별시 마포구 방울내로 79 이노빌딩 302호
대표전화 02.372.1537 **팩스** 02.372.1538
이메일 booknamu2007@naver.com
홈페이지 www.booknamu.com
ISBN 979-11-6752-022-7 (13320)

감정노동자 보호 매뉴얼

박종태 지음

고객응대근로자 보호 매뉴얼,
이렇게 작성하라!

책나무

　아시다시피 국내에서 물건을 판매하거나 다양한 서비스를 제공하는 감정노동자는 770만 명에 이른다고 한다. 2018년에 산업안전보건법 개정안을 통해 고객 응대에 종사하는 감정노동자를 보호하기 위한 구체적인 시행령과 함께 법안이 국회를 통과하면서 실제로 감정노동자들이 보호받을 것이라고 기대했다.

　그러나 이후 정부나 기업들의 감정노동자 보호에 대한 노력이나 활동을 보면 실망스럽기 그지없다. 여전히 우리 주변에는 감정노동으로 인해 자살을 하거나 우울증으로 인해 일상생활에 어려움을 겪는 분들이 많기 때문이다. 법이 시행되고 난 후 여러 활동으로 인해서 과거보다 욕설은 줄었다고 하더라도 여전히 현장에서 고객을 응대하고 있는 감정노동자들은 고객의 폭언이나 폭행 또는 갑질에 시달리고 있다. 상품과 서비스가 존재하는 한 현장에서 고객을 응대하는 감정노동자 입장에서는 자신의 감정을 소모해서 서비스를 제공할 수밖에 없다고 하더라도 좀 더 실질적인 조치나 예방 및 보호 활동이 이루어져야 하는 이유가 여기에 있다.

감정노동자를 보호하기 위한 실질적인 활동의 첫걸음은 바로 감정노동자 보호 매뉴얼을 마련하는 것이라고 생각한다. 이번에 선보이는 《감정노동자 보호 매뉴얼》은 기업이 감정노동자를 보호하는 데 있어 첫걸음이라고 할 수 있는 매뉴얼 개발과 관련한 국내 최초의 실무 지침서라고 할 수 있다. 실제로 현장에서 감정노동자를 보호하기 위해 필요한 감정노동자 보호 매뉴얼을 개발하고 작성하는 데 있어 아무런 지식이나 정보 또는 경험이 없는 분들에게 도움을 드리고자 실무적인 내용을 중심으로 집필하였으며, 다양한 예시와 실전적인 내용을 구체적으로 제시하고자 했다. 이 책은 크게 4가지 영역으로 구성되어 있으며 각 영역별 주요 내용은 다음과 같다.

1영역인 '감정노동 및 매뉴얼의 이해'에서는 감정노동에 대한 이해는 물론 현재 국내 기업의 감정노동자 보호 매뉴얼에 대한 현황을 다루었다. 감정노동자 보호 매뉴얼이 필요한 이유와 함께, 매뉴얼을 개발하고 현장에 비치해

놓았음에도 불구하고 정작 감정노동자를 보호하지 못하는 이유는 무엇인지에 대해서 필자의 생각을 반영하였다. 그뿐만 아니라 감정노동에 대한 기본적인 이해를 바탕으로 어떻게 감정노동자 보호 매뉴얼을 개발해야 하는지 방향을 제시하였다.

2영역인 '반드시 알아야 할 매뉴얼 관련 주요 지침'에서는 필자가 다양한 기관과 기업에서 매뉴얼 개발 컨설팅을 진행하면서 알게 된 고용노동부 감정노동자 보호 매뉴얼 적정성 검토 지침이나 검토할 때 중점적으로 보는 사항들은 무엇인지를 공유하고자 하였다. 감정노동이 정부의 시책과 맞물려 있기 때문에 매뉴얼을 개발할 때 도움이 될 만한 내용과 실제 사례를 반영하였으므로 현장 담당자에게는 큰 도움이 될 만한 내용이라고 생각한다.

제 3영역인 '매뉴얼 개발 및 작성 기법'에서는 말 그대로 감정노동자 보호 매뉴얼을 개발하는 데 실질적으로 필요한 지식과 정보 그리고 경험을 반영하였다. 매뉴얼 개발과 관련한 방향성은 물론 개발 추진 방법론이나 매뉴얼

그리고 그리다®

개발 개요에 포함될 내용은 무엇이고 실제로 매뉴얼을 작성할 때 반드시 알고 있어야 할 지침들을 주로 다루었다. 실제 매뉴얼을 개발할 때 바로 활용이 가능한 민원 응대 스크립트 작성 기법을 반영하여 실질적인 도움을 주고자 하였다.

마지막으로 '매뉴얼에 포함되어야 할 내용'에서는 블랙컨슈머 대응 매뉴얼 개발 시 반영되어야 할 내용은 물론 감정노동 종사자 권리 보장 선언, 부록에 포함되어야 할 내용들을 다루었다. 그리고 무엇보다 매뉴얼을 개발하거나 작성할 때 반드시 참고해야 할 자료들을 다루어서 담당자들에게 실질적인 도움을 주고자 노력하였다.

14년간의 소중한 경험들을 밑천 삼아 겁도 없이 독립을 선언한 후 어찌하다 보니 훌쩍 10년이 지나 버렸다. 2011년에 두려움 반, 설렘 반으로 시작된 나 홀로 독립은 지금 시점에서 생각해 봐도 매우 잘한 결정이라고 생각한다. 잘한 결정 이면에는 정말 많은 분들의 도움과 정신적인 지지가 있었기에 가능했다고 생각한다.

10년이라는 시간 동안 힘든 시기도 있었지만 나름대로 독립적으로 생존하는 법을 터득한 시기였다. 몇 차례의 역경에도 지속적으로 성장할 수 있었고 끊임없이 가치를 만들어 내기 위해 노력할 수 있는 시간과 기회가 주어졌음에 감사할 따름이다.

　　사실 누구에게나 힘들었다고 하는 코로나 시기를 견딜 수 있었던 이유도 10년간의 시행착오를 통해 켜켜이 쌓아 온 무공(?)의 힘이 아닐까 싶다. 생채기나 상처가 나도 다시 아물듯이 그러한 크고 작은 어려움과 고통을 묵묵히 견뎌 내고 새로운 기회를 찾고 어려움을 극복하는 과정을 통해서 더욱 단단해진 것이 아닐까 싶다. 불(不)통제변수에 신경 쓰기보다는 내 스스로가 통제할 수 있는 변수에 대해서만 열정과 에너지를 쏟아붓는 것이 어려움을 극복하는 길이라는 사실을 각인하게 된 것은 10년간 겪은 시행착오가 내게 준 소중한 선물이라고 생각한다.

　　끝으로 차별화는 절실함으로부터 나온다는 사실을 증명해 내었던 지난 10년 동안 항상 나를 위해 기도해 주시던 어머니와 함께해 준 아내 정성희 그리고 내게는 정말 소중한 지상이, 지한이, 막내딸 서정이에게도 무한한 감사와 사랑을 전한다.

2021. 8월

박종태

목차_

1부

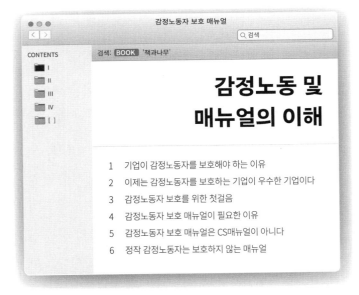

감정노동자 보호 매뉴얼

Q 검색

검색: **BOOK** '책과나무'

CONTENTS
- I
- II
- III
- IV
- [ ]

감정노동 및
매뉴얼의 이해

01

Q 기업이 감정노동자를 보호해야 하는 이유

"건설 노동자는 떨어져서 죽고 감정노동자는 미쳐서 죽는다."라는 말을 들어 본 적이 있는가? 며칠 전 감정노동과 관련하여 어떤 기사를 읽다가 접한 글인데, 우리나라 노동 현실을 극명하게 보여 주는 말이라고 할 수 있겠다.

실제로 안전보건공단 자료에 의하면, 건설업 공사 현장에서 발생한 사망자 수는 꾸준히 증가하고 있다고 한다. 특히 건설노동자의 사망 원인 중 40%는 추락사인 것으로 밝혀졌다. 그렇다면 감정노동자들은 어떨까? 고객 응대 업무 중 다양한 스트레스로 인해 발생하는 신체적 · 정신적 고통은 이루 말할 수 없을 만큼 증가하고 있다.

몇 년 전 국내 통신사의 현장 실습을 나가 고객 응대 업무를 하던 특성화고 학생이 직장에서 받은 압박과 스트레스를 이기지 못해 결국 자살하는 사건이 발생했다. 또한 도시가스 콜센터 직원이 하루 평균 5시간의 욕설과 폭언을 듣다가 졸도한 사건도 있었다. 보상금을 목적으로 있지도 않은 자식이 있다고 속이면서 가스 누출로 아이가 죽을 뻔했다면서 행패를 부린 것이다. 이로 인해 14명의 피해자가 발생했는데, 이 중에 보상을 요구하는 남자의 욕설과 폭언을 듣던 한 여직원이 결국 졸도하고 말았다.

위의 두 가지 사례에서 보듯이 우리나라의 감정노동은 정말 심각한 수준이다. 감정노동에 대한 인식 부족은 물론, 이들을 보호하는 제도적 장치도 미비해 감정노동자들이 육체적·정신적으로 큰 상처를 받고 있다. 많은 학자들이나 전문가들은 기업 성장에 있어서 핵심은 시스템, 프로세스, 인적 자원이며 이 중 가장 중요한 것은 바로 인적 자원이라고 강조한다. 또한 선진국일수록, 3차 서비스가 차지하는 비중이 높을수록 인적 자원이 더 중요하다는 데 입을 모은다. 우리나라도 마찬가지로 3차 서비스 산업의 비중이 갈수록 증가함에 따라 감정노동에 종사하는 직원들도 더 늘어나고 있어 감정노동자 보호는 더욱 중요해질 수밖에 없다.

'최고의 기업은 사람에게 집중한다'고 한다. 결국 사람이 기업의 성장과 변화의 중심에 있다는 말이다. 기업이라는 것은 사람이 만들어 낸 조직체이고 그 기업을 구성하는 것도 사람이며 사람을 상대로 사업을 하기 때문에 기업은 결국 사람 중심으로 움직이는 유기체라고 전문가들은 이야기한다. 문제는 이렇게 사람이 중요하다고 이야기하고는 있지만, 실제 이를 위해 적극적이고 지속적인 노력을 기울이는 기업들은 그리 많지 않다는 것이다. 고객과 직원 사이에 문제가 발생하면 양측의 이야기를 다 들어 보고 적절한 조치를 취해야 함에도 불구하고 대부분의 기업들은 고객의 입장과 이야기만 들어 줄 뿐, 절대 직원들의 이야기에는 귀를 기울이지 않는다.

실제 현장에서 컨설팅을 진행하는 과정에서 직원 미팅 및 인터뷰를 진행하다 보면 가장 아쉬운 부분은 바로 최고 책임자들이 한 번도 현장에 가 보질 않는다는 것이고, 더 큰 문제는 현장 직원들의 말에 귀를 기울이지 않는다는 것이다.

한때 잉글리시 프리미어 리그(English Premier League) 최고의 감독이었던 맨체스터 유나이티드의 퍼거슨경은 1996~1997년 팀의 주축이었던 선수들이 다른 팀으로 이적하거나 핵심이었던 선수가 출전 정지 징계로 인해 어려움을 겪었다. 이러한 상황에 당황할 법도 한데, 그는 전혀 당황하지 않고 새로 영입한 신예들을 중심으로 최고의 시즌을 이끌어 냈다. 당시 퍼거슨이 가장 중요하게 생각했던 일은 시즌 내내 선수들과 끊임없이 대화하는 것이었다. 축구에 관해서건 축구 외적인 일에 관해서건 선수들에 관한 모든 것을 알고 있었고, 이러한 그의 태도는 그가 감독을 그만두는 날까지 계속되었다.

감정노동자보호법이 국회를 통과해서 실행된다고 하더라도 경영진이나 실제 영향력을 행사할 수 있는 위치에 있는 사람들의 의식이 변하지 않는 이상, 감정노동 문제는 절대 해결되지 않는다. 일부 고객에 의해서 저질러지는 일탈 행동은 그렇다 치더라도 정작 그들을 보호해야 할 위치에 있는 사람들이 오히려 감정노동자의 편이 아닌 일부 못된 고객의 입장에서 접근하는 것은 문제가 있어 보인다. 특히 감정노동자를 보호하자고 하면 비용 문제로만 접근하는 사람들이 있다. 이들은 실제로 감정노동자를 보호하는 것이 오히려 기업 입장에서는 보다 더 긍정적인 효과를 거둘 수 있다는 사실을 간과하는 것 같다.

모두가 알고 있다시피 기업에 있어 현장의 중요성은 아무리 강조해도 지나치지 않다. 감정노동으로부터 보호받지 못하면 접점에 있는 직원들은 신체적 · 정신적으로 고통받을 것이고, 앞서 살펴본 사례와 같이 자살이나 졸도로 이어져 개인의 불행을 넘어 기업의 이미지에도 악영향을 미치기도 한다. 이와 같은 사례는 너무도 많아 추가로 언급하지 않아도 잘 알 것이라 생각한다.

또한 감정노동자를 보호하지 않은 조직에서는 직원들

의 충성도는 물론, 업무에 대한 몰입을 이끌어 내기 힘들다. 이러한 충성도 및 몰입의 저하는 결국 생산성이나 서비스의 질을 저하시키는 주요 요인으로 작용하기도 한다.

이제는 '고객은 왕이요 신과 같은 존재다'라는 80년대식 패러다임으로는 감정노동 문제를 해결하기 어렵다. 결국 감정노동으로부터 보호받는다는 것은 업무를 수행하는 과정에서 자신의 소중함은 물론 업무에 대한 가치를 인식하게 되는 출발점이 되며, 이러한 인식이 감정노동자에게 각인되면서 자연스럽게 더 좋은 고객 서비스를 수행할 수 있다는 믿음이나 확신으로 전환되는 것이다. 그리고 서비스 업무나 자신의 가치를 인식하는 이러한 과정은 기업이 감정노동자를 보호하기 위한 적절한 조치를 취하는 과정에서 자연스럽게 충성도나 업무 몰입도를 향상시키는 방향으로 이어진다.

02

🔍 이제는 감정노동자를 보호하는 기업이 우수한 기업이다

감정노동자에 대한 관심이 어느 때보다 높은 시대에 살고 있다. 하루가 멀다 하고 쏟아져 나오는 감정노동과 관련한 다양한 뉴스를 보고 있노라면 화가 나기도 하고 이렇게 될 때까지 각각의 주체들은 무엇을 했는지 답답하기도 하다.

산업안전보건법 개정안이 발의되고 현장에서 시행되고 있지만, 여전히 법의 보호를 받지 못하는 감정노동자들이 우리 주위에는 많다. 게다가 올해 코로나 19 확산의 영향으로 인해 더 증가한 민원을 처리하면서 마음의 상처를 입는 사람들은 물론 고객에 의한 유무형의 폭력으로 인해 병에 시달리는 사람에 이르기까지, 감정노동에 대한 병폐는 이루 헤아릴 수 없을 정도로 많은 문제를 양산하고 있다.

감정노동 문제에 대해서는 항상 문제 인식보다 실행이 중요하다는 말을 많이 하지만 아직까지 우리나라는 여전히 실천보다는 말이 앞서는 경향이 많다. 국가에서 발생하는 여러 가지 크고 작은 사건에서 보다시피 항상 일이 터져야 부랴부랴 대책을 내놓은 행태는 비단 어제오늘의 일은 아닌 것 같다. 법 또한 감정노동과 관련하여 강력한 단속이나 제재보다는 계도나 권고 및 솜방망이 처벌에 그치는 경우가 많은 것이 사실이다.

그동안 기업 경영에 있어 "가장 중요한 것은 사람이다."라는 말을 참으로 많이 했는데, 이를 실천으로 옮긴 기업은 그리 많지가 않다는 것 또한 부정하기 어렵다. 따라서 앞으로는 말로만이 아닌 실제 체감할 수 있는 감정노동자 보호 활동이 필요한 시기라고 할 수 있다. 3차 산업의 비중이 50%를 넘어가는 '서비스 사회화'의 정점에 있는 우리나라로서는 감정노동자의 보호가 절실하다. 실제 기업이 발전하려면, 아니 지속적인 성장이 가능하려면 감정노동자를 보호해야 한다. 그리고 그들을 보호하기 위한 다양한 노력들과 활동들이 병행되어야 한다.

최근 주목을 받고 있는 ESG(Environment, Social, Governance) 경영 차원에서도 기업을 평가할 때 기업의 재무적인 요소만이 아닌 장기적인 관점에서 기업의 가치와 지속 가능성에 영향을 주는 요소들을 충분히 반영하여 평가를 하고 있다. 여기서 주목해야 할 것은 사회적인(Social) 요소는 ESG 경영의 출발점이 되는 요소로 노동, 인권, 다양성, 성별, 안전 보건 등으로 구성되어 있다.

ESG를 평가하는 데 있어 사회적인 요소들의 공통점을 보면 결국 '고객'으로 귀결되며, 여기서 고객이란 '외부 고객'과 '내부 고객(직원)'으로 구분할 수 있다. 기존의 고객만족경영이라는 것은 외부 고객에 초점을 맞춰 진행되어 왔고 내부 고객에 대해서는 상대적으로 소홀했던 측면이 강했다. 그러나 최근 들어 대기업을 중심으로 인권이나 성별은 물론 노동 환경 개선, 일과 삶의 균형(Work-life balance)에 관심을 가지고 이를 개선하기 위한 노력에 초점을 맞추고 있다는 사실에 주목할 필요가 있다.

서비스가 고도화됨에 따라 특히 접점에서 고객을 상대하는 직원들의 노동 환경에 대한 개선은 시급하다. 예를 들어 콜센터에서 근무하는 상담원, 병원 간호사, 은행 창구 직원, 주차 요원, 백화점 직원 등을 포함한 감정노동자들은 열악한 근무 환경이나 과도한 직무 스트레스에 시달리고 있다.

코로나 창궐로 인한 언택트 시대의 도래와 같은 사회적 변화와 인공지능으로 대표되는 4차 산업혁명과 같은 기술적 변화로 인해 새로운 경영 패러다임이 필요한 시점이다. 이제 서비스 분야에서도 큰 변화가 이루어져야 한다.

이렇게 감정노동이 이슈화되고 있는 상황에서 감정노동자를 보호하기 위한 활동을 지속적으로 시행해 오고 있는 기업들이 주목받고 있다. 감정노동자 보호에 대한 구체적인 지침이 포함된 매뉴얼을 개발하고 이를 현장에 적용하려는 노력을 하는 기업도 있고, 악성민원을 전담으로 처리하는 부서를 만들어 감정노동자들이 업무 처리를 하는 데 부담을 덜어 주는 곳도 있으며, 심리 상담을 통해 고객 응대를 하는 과정에서 받은 마음의 상처를 치유해 주는 기업도 있다. 실질적으로 고객 응대를 하는 과정에서 심하게 욕설을 할 경우 단선하는 기업이나 직원에게 폭행하거나 폭언을 하는 고객을 상대로 고소·고발하는 기업도 존재한다.

이렇게 기업들이 감정노동자 보호를 위해 구체적인 활동을 시행하면 기업의 성과 측면에서 긍정적인 결과가 나온다. 실제 감정노동과 관련한 다양한 조사 자료 및 결과에 의하면, 감정노동자를 보호하는 기업들의 직원들이 안정적인 근태를 유지하여 이직률 감소가 나타나기도 한다. 그뿐만 아니라 기업의 사회적인 이미지 개선을 통해 경쟁력이 강화된다는 의견도 있다. 이외에도 경영상의 비용 절감은 물론 경영 효율성이 향상되는 효과를 보이기도 한다. 감정노동자 보호 활동은 직원들의 사기 진작은 물론 업무 몰입도를 증가시켜 기업에 대한 소속감 강화를 통해 기업 생산성과 지속적인 성장

가능성을 증대시키는 효과를 기대할 수 있다.

몇 년 전에 SRT청소노동자 과잉 인사 서비스가 논란이 된 적이 있다. SRT열차가 들어오는 시간이 되면 SRT청소노동자들은 객실 간격에 맞춰 일렬로 서 있다가 SRT가 서서히 진입해 오면 허리를 구부려 공손하게 인사를 하는데, 열차가 멈추어 설 때까지 이 같은 행위를 반복했다. 이러한 서비스에 대해 기업 측의 '갑질'이라고 민원을 제기하는 고객들로 인해 지금은 중단되었지만, 과도한 친절을 강요하는 것은 오히려 고객들도 불편해한다는 사실을 잘 보여 준 사례라고 할 수 있다.

이외에도 국내 최대 유가공업체인 N사가 대리점 직원들을 대상으로 갑질한 것이 알려지면서 불매운동이 일어난 바 있다. 이어서 터진 불미스러운 일들로 인해서 직원들의 사기는 저하되고 50년 라이벌이었던 경쟁사에게 1위 자리를 내주고 말았다.

이렇듯 직원들의 태도나 직원들에게 내려오는 지시 및 업무 절차 또는 그들의 행동을 규정화하는 매뉴얼을 통해서도 기업에 대한 고객의 인식 및 이미지가 형성되기도 한다. 기업이 직원들에게 어떻게 하느냐에 따라 기업의 이미지가 결정될 수 있다는 사실이다.

이러한 사례는 멀리서 찾을 필요도 없다. 국내 최대 항공사의 임원이 물컵 갑질과 땅콩 회항 등 직원 대상 갑질을 한 것이 알려져 주가가 곤두박질치고 불매운동이 일어났던 것을 기억할 것이다. 항공 승무원들은 대표적인 감정노동자라고 할 수 있다. 해당 갑질 사건과 관련해 쏟아져 나오는 뉴스를 보니, 그러한 회사에서 승무원들이 어떤 대접을 받았을지는 쉽게 짐작이 간다. 회사 임원에 의해 이러한 대접을 받은 직원들은 수동적인 서비스를 제공할 수밖에 없을 것이고, 고객들의 갑질에도 대부분 수동적인 태도로 일관했을 것이 분명하다.

이렇게 보호받지 못한 채 기업의 종이나 노비로 쓰임을 당했던 감정노동자들은 회사를 대상으로 집회를 열었고, 이로 인해 회사의 이미지는 부정적으로 변하게 되었다. 그뿐만 아니라 우리나라의 국명이 들어가는 상표이니 활용하지 못하도록 해야 한다는 움직임이 있을 정도로, 해당 그룹에 대한 이미지는 땅에 떨어졌다.

감정노동자 보호 매뉴얼

이외에도 피자업체, 백화점, 대형 유통매장, 통신업체, 제조업체 등 다양한 업체에서도 감정노동자를 보호하지 않아 유무형의 손해를 입는 경우를 많이 목격하였다. 이제 감정노동은 소극적으로 대응해야 할 일이 아니라는 점을 명확하게 인식하여야 한다. 무엇보다 현재 발의되는 국내 감정노동자 보호법의 주요 골자를 보면 하나같이 '처벌규정의 법제화'라는 점이다. 따라서 기업의 감정노동에 대한 대응은 감정노동자를 보호하는 측면도 있지만 기업의 위험관리(Risk management) 차원에서 이루어져야 한다는 사실을 간과해서는 안 된다.

03

감정노동자 보호를 위한 첫걸음

최근에 쿠팡 물류창고에서 발생한 사고로 인해서 소방관의 안타까운 희생이 뒤따랐고 많은 물질적 피해가 있었다. 물류창고에서 발생한 화재의 원인이 무엇인지는 시간이 지나 봐야 알겠지만, 인재로 인한 화재 사고라는 점은 분명하다. 스프링쿨러가 작동하지 않은 것도 있었지만 화재 대피훈련도 제대로 이루어지지 않았고, 대피 장소 안내와 같은 기본적인 안전교육도 이루어지지 않았다고 한다. 쿠팡 물류창고 화재 사고를 생각하면, 몇 년 전 제천에서 발생한 스포츠센터 화재 참사와 밀양의 한 병원에서 발생한 화재 그리고 대구에 있는 병원 화재와 서울에 있는 대학 종합병원 화재에 이르기까지 다양한 화재 사고가 떠오른다.

당시 뉴스를 보니 제천과 밀양의 경우, 겨울철 보온을 유지하기 위해 창문이나 출입문 또는 비상구를 폐쇄한 것과 스프링쿨러 미설치 또는 미작동한 것이 큰 인명 피해를 입힌 원인이었다고 한다. 반면 대구에 있는 병원의 경우, 의료진의 빠른 신고 및 경찰관과 소방관의 인명 구조 활동과 화재 진압 등 화재 확산을 방지하기 위한 활동이 위험을 최소화하였다고 한다. 그리고 서울에 있는 병원의 경우, 무엇보다도 방화벽은 물론 스프링쿨러가 제대로 작동한 것과 화재를 진압하고 신속하게 환자를 대피시킨 점이 대형 참사로 이어질 수 있는 위험성을 막았다고 한다.

여기서 주목해야 할 점은 평소 훈련이 잘된 곳은 미리 숙지한 화재 대응 매뉴얼에 따라 화재가 발생했을 때 피해를 최소화하기 위해 취해야 할 지침을 철저하게 지켰다는 점이다. 예를 들어 화재 대응 매뉴얼에 따라 화재가 발생한 지점 쪽 환자를 신속히 반대편 병동으로 이동시키거나, 의료진이 환자들에게 이동 시 마스크나

머플러 착용을 권하고 침착하게 환자들을 대피시킨 것은 물론, 고층에 입원한 환자들의 경우 옥상으로 이동시키고 헬기를 이용해 대피시키는 매뉴얼이 구비되어 있었다는 것이다.

언론은 이를 두고 '참사를 막은 매뉴얼의 기적'이라고 하는데, 이는 정말 과언이 아니라고 생각한다. 평상시 매뉴얼대로 훈련을 하게 되면 피해 예방은 물론 피해를 최소화시킬 수 있기 때문이다. 결국 기업 입장에서는 매뉴얼을 단순히 업무 프로세스의 표준화 및 효율성은 물론 CS 측면에서만 바라볼 것이 아니라, 위험관리(Risk Management) 측면에서도 매우 중요한 역할을 수행한다는 사실을 간과해서는 안 될 것 같다.

예전에 국내 한 연구소에서 '감정노동자 보호에 대한 인식[1]'을 조사한 결과가 있었다. 감정노동 문제 개선 대책 중 감정노동자를 보호하기 위한 다양한 장치들이 필요한데, 실제 현장에 있는 감정노동자들이 생각하는 실

---

1 2016년 노동환경건강연구소가 2,737명의 감정노동자를 대상으로 실시한 조사 결과

질적인 개선 대책에 대한 동의 수준을 물은 응답 결과는 아래와 같다.

개선 대책	응답 구분	매우 동의	약간 동의	약간 반대	매우 반대	평균[2]
욕 또는 폭력 행사 시 피할 수 있는 권리 필요	응답자(명)	2,285	299	14	3	1.1
	응답률(%)	87.9	11.5	0.5	0.1	
악성고객 전담 부서 (전담자) 필요	응답자(명)	2,047	469	75	10	1.2
	응답률(%)	78.7	18.0	2.9	0.4	
과도하고 불필요한 CS교육 줄여야 함	응답자(명)	1,506	935	140	18	1.5
	응답률(%)	57.9	36.0	5.4	0.7	
제대로 된 직무교육 실시	응답자(명)	1,369	1,048	136	18	1.5
	응답률(%)	53.7	40.3	5.2	0.7	
휴식 시간 제공 필요	응답자(명)	1,822	703	66	7	1.3
	응답률(%)	70.1	27.1	2.5	0.3	
고객 컴플레인 인사 고과에 반영 금지	응답자(명)	1,559	858	172	9	1.5
	응답률(%)	60.0	33.0	6.6	0.3	
심리상담을 받을 수 있는 기회 제공	응답자(명)	1,814	730	51	6	1.3
	응답률(%)	69.7	28.1	2.0	0.2	
매뉴얼을 통한 명확한 고객 응대 지침	응답자(명)	1,931	611	54	4	1.3
	응답률(%)	74.3	23.5	2.1	0.2	

---

2 위의 표에서 평균이라 함은 '매우 동의' 1점 ~ '매우 반대' 4점까지 부여한 점수로 중간 값인 2.5점을 초과할 경우 반대 의견이 높아지는 것으로 해석하며, 2.5점 이하일 경우 동의 의견이 높아지는 것으로 해석함.

그 결과, 가장 동의 수준이 높은 것은 '고객이 욕을 하거나 폭력을 행사했을 때 피할 수 있는 권리가 필요하다'는 의견과 '악성고객 전담부서(전담자)가 있었으면 좋겠다'는 의견으로 나타난다. 그만큼 현장에서 감정노동자들이 보호받고 있지 못하다는 반증이고 가장 필요로 하는 것 또한 실질적인 보호 활동이 아닐까 싶다.

위의 조사 결과에서 보는 바와 같이 다양한 개선 대책이 있지만, 주목해야 할 것은 '제대로 된 업무 매뉴얼이 갖추어졌으면 좋겠다'라는 감정노동자들의 응답 결과이다. 동의 수준을 보면 '매우 동의' 비중이 무려 74.3%에 이르고 실제 동의 수준에 대한 평균도 1.3으로 평균값 2.5에 비해서 매우 높게 나타나는 것을 볼 수 있다.

결국 현장에 있는 감정노동자들에게 필요한 것은 바로 제대로 된 매뉴얼을 갖추는 것이다. 기업이라는 곳은 어차피 개인인 직원이 자의적으로 판단하고 스스로 방향을 정해서 움직이는 곳이 아니라, 철저하게 회사에서 정해 놓은 정책이나 규정 및 지침에 의해서 움직이는 곳이다. 그렇다면 감정노동자를 보호하기 위한 매뉴얼도 마련되어 있어야 하는 것이 당연하다. 고객 서비스에 대한 표준화는 물론 이를 통한 시간과 비용을 절감하는 것이 매뉴얼의 1차적인 목적이라고 한다면, 회사와 고객 서비스에 대한 정보와 지식의 공유를 통해 감정노동으로 인한 위험 최소화 및 감소를 위해서라도 제대로 된 매뉴얼을 갖추는 것이 감정노동자를 보호하기 위한 첫걸음이라고 생각한다.

04

Q 감정노동자 보호 매뉴얼이 필요한 이유

몇 년 동안 30여 곳이 넘는 기업과 기관을 대상으로 매뉴얼 컨설팅은 물론 직접 개발에 참여하면서 느낀 점이 있다면, 감정노동자를 보호하기 위한 매뉴얼에 대한 이해가 부족하다는 것과 콘텐츠가 현장에서 일하는 감정노동자들의 요구와 기대와 괴리되어 있다는 것이다.

앞장에서도 설명했다시피 기업이라는 곳은 어차피 개인인 직원이 자의적으로 판단하고 스스로 방향을 정해서 움직이는 곳이 아니라, 철저하게 회사에서 정해 놓은 정책이나 규정 및 지침에 의해서 움직이는 곳이다. 따라서 감정노동자를 보호하기 위한 매뉴얼도 마련되어 있어야 하는 것이 당연함에도 불구하고, 아예 매뉴얼이 없거나 있어도 현장 상황과는 동떨어진 내용의 대응 매뉴얼을 구비해 놓은 곳이 많다.

매뉴얼이라는 것은 단순히 고객 응대 매뉴얼을 의미하지는 않는다. 고객 같지도 않은 고객을 응대할 때 감정노동자의 방패가 되어 주는 것이 바로 응대 매뉴얼이다. 그런데 현장에서 사용하는 매뉴얼은 아직까지도 불한당 같은 고객에게도 친절할 것을 강요하고 있어 감정노동자를 혼란스럽게 하고 있는 것이 현실이다.

매뉴얼이 있어도 막돼먹은 고객에게 항의하지도, 적극적으로 제대로 대응하지 못하고 그저 고개를 숙인 채 연신 '죄송하다'고 말하도록 만드는 것은 진정한 매뉴얼이 아니다. 그럼에도 불구하고 국내 기업의 고객 응대 매뉴얼은 고객에게 제대로 된 서비스를 제공하는 등의 긍정적인 점도 있지만, 감정노동자의 인권이나 권리는 도외시하고 직원들의 일방적인 희생을 강요하며 표준화된 서비스를 제공하기 위해 필요한 기업의 지침에 불과하다.

그뿐만 아니라 위에서 언급한 것처럼 현재 고객 응대

매뉴얼은 한마디로 '정상이 아닌 고객'이라고 할지라도 친절한 태도를 유지하여야 하며 '어떠한 상황에서도 절대 미소를 잃지 말아야 한다'는 것으로 요약될 수 있다. 4차 산업혁명이 도래하고 인공지능이 우리 삶 속에 깊이 뿌리내리고 있는 시대에도 여전히 우리 고객이나 기업들은 과거의 부조리한 인식이나 경영 방식에서 벗어나지 못하고 있는 상황이다.

매뉴얼은 단순히 고객 응대 매뉴얼이 아닌 책임과 권한은 물론 감정노동자들이 누려야 할 권리나 인권이 포함된 감정노동자 자신을 보호할 수 있어야 한다. 그런데 현장에서 감정노동자 보호 매뉴얼이 필요한 이유는 단순히 현장 직원을 보호하기 위한 차원에 머물지 않는다. 실제로 감정노동자 보호 매뉴얼은 감정노동으로부터 직원 보호를 위한 실무 지침을 통해 감정노동 대응은 물론 대고객 응대를 체계적으로 할 수 있도록 해 준다.

그뿐만 아니라 감정노동 매뉴얼 개발은 전체 표준 프로세스 수립에 따른 기업 내부의 생산성을 향상시키기도 하고 감정노동자들이 건전한 근무 환경에서 일할 수 있도록 개선시킬 수 있으며, 이러한 노력과 활동을 통해서 기업의 사회적 이미지가 개선될 수 있다.

무엇보다 감정노동자 보호 매뉴얼을 구비해서 실제 활용한다면 감정노동자의 신체적·정신적인 건강을 향상시켜 사기를 진작시킴은 물론, 감정노동자의 업무 몰입도 및 직무 만족도를 개선시키는 등의 긍정적인 효과를 가져온다.

05

감정노동자 보호 매뉴얼은
CS매뉴얼이 아니다

Q

필자는 몇 년간 여러 기업과 기관의 감정노동자 보호 매뉴얼의 개발 및 컨설팅을 진행해 오고 있다. 컨설팅을 진행하다 보면 감정노동자 보호 매뉴얼 개발 컨설팅을 의뢰하는 업체들은 보통 두 가지 유형으로 나뉜다.

먼저 기존에 제작한 매뉴얼이 있는데 현장에서 외면당하고 있거나 내부에서 스스로 만족하지 못하는 경우이다. 실제로 여기저기 널려 있는 자료들을 참고해서 만들었기 때문에 회사의 상황이나 특성을 반영하지 못해 활용도가 떨어지는 경우가 많다. 작성자나 개발을 주관하는 팀이 매뉴얼 개발 방향이나 프로세스 또는 개발 방법론에 입각해서 만든 것이 아니기에 내용이 중구

난방이고 자사 상황에 맞지 않는 것이 특징이다. 따라서 매뉴얼의 활용도도 떨어지고 현장에서 외면을 받는 경우가 많다.

또 다른 유형은 아예 매뉴얼이 없다가 감정노동자 보호법(산업안전보건법 개정안)이 실시된다는 정보를 접하고 부랴부랴 매뉴얼을 의뢰하는 경우이다. 이러한 경우, 대부분이 매뉴얼의 본질이나 목적보다는 해당 법에서 요구하는 내용 또는 지침을 만족하는 수준에서 매뉴얼 개발을 의뢰한다. 물론 개발하는 과정에서 고객사 측에 다시 한 번 매뉴얼 목적과 방향성을 확인한 후에 작업을 진행하지만, 어쨌든 결과물 산출에만 초점을 맞추는 경우가 많다.

보통 감정노동자 보호 매뉴얼을 개발하는 목적은 무엇일까? 현장 근무 직원들은 고객의 비이성적인 행동으로 하여금 감정노동에 시달리고 있으며, 이로 인해 업무 의욕이 저하되고 정상적인 업무를 수행하는 데 방해받고 있다. 따라서 감정노동자 보호 매뉴얼 개발을 통해 직원을 감정노동으로부터 보호함으로써 업무 환경

건전성을 제고하고 대고객 서비스를 향상시키기 위해서라고 할 수 있다.

그런데 이러한 목적과는 다르게 졸속으로 만들어진 매뉴얼은 현장에서 환영받지 못하는 경우가 대부분이다. 왜 그럴까? 다양한 이유가 있겠지만 보통은 아래와 같은 사실로 귀결된다.

필자가 의뢰를 받아 매뉴얼을 개발하는 업체 중에서는 이미 매뉴얼을 가지고 있는 업체들도 있는데, 이러한 매뉴얼들의 가장 큰 문제점은 '고객 중심적인(Customer-centered) 매뉴얼'이라는 점이다. 일반적으로 감정노동자 보호 매뉴얼의 가장 핵심적인 내용은 두 가지라고 할 수 있다. 하나는 감정노동으로부터 스스로 보호하거나 지원받을 수 있는 지식과 정보를 공유하거나 지침을 제공받는 것이다. 다른 하나는 클레임 또는 블랙컨슈머(악성민원인)로부터 효과적으로 대응하기 위한 기법이나 표준 응대 가이드를 포함한 현장 대응 지침(절차)이라고 할 수 있다.

그런데 대부분의 매뉴얼에서 보이는 클레임이나 블

랙컨슈머에 대한 현장 대응 지침은 '위험관리 중심적인 (Risk management centered) 매뉴얼'이 아닌 '고객 중심적인 (Customer-centered) 매뉴얼'에서 벗어나지 못하고 있는 실정이다. 블랙컨슈머도 고객 중심적으로 대응해야 한다는 논리이다. 감정노동자를 보호하기 위해 만든 매뉴얼이 오히려 감정노동자를 더 힘들게 하는 역설이 발생하는 것이다.

현장에서 일부 몰상식한 고객들은 자신이 원하는 것을 얻기 위해 수단과 방법을 가리지 않고 달려들고 있는데, 감정노동자들은 여전히 고객 중심적인 매뉴얼을 가지고 대응하고 있는 실정이다. 이에 따라 제대로 된 감정노동자 보호가 이루어지기 어렵고 실제로 활용하기도 쉽지 않아 공감을 얻기는 더욱 어려운 것이다.

물론 정상적인 고객에게는 신속·정확한 서비스를 제공하면서도 친절한 응대가 필요하지만, 말도 안 되는 억지를 부리거나 돼먹지 못한 행동을 하는 인간들에게는 그에 걸맞는 조치를 취하는 것이 당연하다. 그럼에도 불구하고 기업이 제공하는 매뉴얼은 대부분이 그렇지 못하다.

흔히 CS매뉴얼이라고 하는 것들은 대부분 일방적으로 현장 감정노동자들의 희생을 강요하는 불평등하고 다분히 불공정한 매뉴얼이라고 할 수 있다. 원하는 것들을 얻기 위해서 도끼, 낫, 총을 들고 설치는 강도들에게 여전히 과도한 친절을 강요하는 것은 바람직하지 않다. 현장에서 고객을 응대하는 업무를 주로 수행하는 감정노동자들에게 억지주장은 물론 폭언, 폭력, 성희롱 등이 발생했을 때 실질적인 조치나 대응이 미흡한 매뉴얼은 위험관리와는 거리가 있어 보인다.

이번에 시행되는 감정노동자 보호법은 말 그대로 감정노동자를 보호하기 위한 것이다. 그러나 이러한 법이 시행됨에도 불구하고 이들이 제대로 보호받지 못한다면 무용지물이라고 할 수 있다. 2018년에 국회를 통과해서 시행되고 있는 산업안전보건법 개정안 중 가장 중요한 것은 사업주의 직원 보호 의무와 함께 감정노동자를 보호할 수 있는 고객 응대 매뉴얼을 개발해서 활용토록 하는 것이다. 그뿐만 아니라 고객으로 하여금 폭

력이나 폭언을 하지 않도록 안내와 홍보도 의무화하는
것이라는 점을 잊지 말아야 한다.

06

정작 감정노동자는 보호하지 않은 매뉴얼

2018년 10월 18일부터 시행되고 있는 산업안전보건법 개정안(감정노동자 보호법)은 말 그대로 감정노동자를 보호하기 위한 법이다. 감정노동자 보호를 위해 가장 선행되어야 할 것은 현장에서 고객 응대 시 필요한 명확한 응대 지침이라고 할 수 있다. 그런데 앞장에서 언급하였다시피 감정노동자 보호 매뉴얼이 제 기능을 다하지 못하는 경우가 많다.

이러한 감정노동자 보호 매뉴얼 이슈와 관련하여 아주 의미 있는 기사를 읽은 적이 있다. 기사는 '보호하지 못하는 감정노동자 보호 매뉴얼'이라는 제하로 기고한 글인데, 현재 국내 기업(기관)에서 활용되고 있는 매뉴얼의 문제점을 정확히 지적했다. 기사의 내용 중 일부를 발췌[3]해 살펴보자.

이미 몇몇 대기업에서는 이 법에 따라 고객 응대 매뉴얼이 제작돼 배포되고 있다. 그런데 최근 입수한 몇몇 대형 유통업체의 감정노동자 보호 매뉴얼(업무 매뉴얼)을 살펴보면 입법 취지가 실종된 듯한 느낌을 지울 수 없다.

대형마트에서 만들어진 매뉴얼에 따르면 무원칙한 '이슈 고객'(합리적 문제 제기가 아닌 내용으로 폭력을 행사하는 고객)으로부터 폭언, 폭행, 성희롱 등을 당할 경우 무려 6단계에 걸쳐 의견을 개진해야 상급자에게 문제가 넘어가는 형국이다.

1단계(정중한 어조로 중지 요청) → 2단계(단호한 어조로 중지 요청) → 3단계(녹음 또는 녹화 안내) → 4단계(다시 한번 중지 요청) → 5단계(처벌 가능성 안내) → 6단계(응대 종료 안내) → 7단계(관리자에게 내용 공유).

이런 상황이면 이미 들을 욕 다 듣고 맞을 만큼 맞은 상태일 것이다. '피할 권리'에 초점을 둔 이 법이 폭력을 경험한 뒤 정신적 트라우마에 시달릴 가능성을 낮추기 위한 법이라는 점을 고려하면 없어도 되는, 없어져야 할 매뉴얼이다. 특히 이 매뉴얼의 내용은 법에서 명시하는 피할 권리를 유예시키는 내용이므로 오히려 법을 위반하고 있다고도 볼 수 있다.

---

3 한인임, '보호하지 못하는 감정노동자 보호 매뉴얼', 한겨레, 2018.10.11.
(http://www.hani.co.kr/arti/opinion/column/865460.html#csidx58d42a60ab843e69e
0df3c79b6a5dbb)

제대로 만든 매뉴얼을 위해서는 사실 회사 내부적으로 블랙컨슈머나 클레임을 제기하는 고객에 대한 제대로 된 대응 지침이나 조치가 마련되어 있어야 한다. 그런데 이러한 대응 지침이나 조치에 대한 것들이 합의되지도 않고 의사결정하기 어렵기 때문에 매뉴얼에 담아 내기 어렵다.

이미 현장에 있는 분들이라면 잘 아시겠지만, 적극적인 조치를 취할 경우 기업의 부정적인 이미지를 키울 수 있기 때문에 비중이 작은(?) 일부 고객의 일탈이라고 치부하고 적극적인 조치를 취하지 않는 경우가 많다. 그러다 보니 블랙컨슈머나 악성민원에 대해서 적극적으로 대응하기보다는 어떻게 하든 좋게 좋게 끝내려고 하는 것이다. 상황이 이렇다 보니 매뉴얼이라는 것이 무용지물이 되는 경우가 다반사이다. 게다가 매뉴얼에 있는 내용과 다른 방법으로 이루어지는 대응 및 조치로 인해 상처는 상처대로 받고, 정작 제대로 된 보호는 받지도 못하는 상황이 전개되는 것이다.

기업이 일부 고객의 일탈이라고 생각하는 황당하고

무례한 갑질과 꼴사나운 요구를 감당해 내야 하는 일은 결국 감정노동자의 몫이 되어 버린다. 따라서 매뉴얼을 개발하기 전에 이루어져야 할 가장 중요한 것은 기업(기관)의 대응 프로세스 및 실전 대응 지침 마련이다. 블랙 컨슈머에 대한 즉각적인 조치, 예를 들어 업무 중지나 권한 위임권, 단선에 대한 조치, 보상 체계, 경찰이나 보안요원 호출, 전담부서로의 이관 등은 기업에서 명확하게 의사결정을 해 주어야 하는 것들이다.

실제로 매뉴얼을 개발하는 과정에서 담당자들이 어려워하는 것은 바로 이와 같이 대응 프로세스와 회사의 명확한 대응 지침의 부재라고 한다. 매뉴얼 개발 이전에 대응 프로세스나 정책, 위에서 언급한 다양한 조치들이 명확하게 결정되어야만 제대로 된 매뉴얼이 나올 수 있는 것이다.

사실 이러한 의사결정이 쉽지 않다 보니 필자 회사에서 개발하는 매뉴얼은 시스템과 프로세스보다는 감정노동자 보호에 초점을 맞추는 경우가 대부분이다. 예를 들어 고객의 유형에 따라 어떻게 대응하는 것이 효과적이고 상처를 덜 받을 수 있는지에 초점을 맞춰 개발하는 것이다. 대부분 클레임 고객이나 블랙컨슈머의 심리를 이용하여 유형별 대응 테크닉에 초점을 맞춰 개발이 이루어지는 것이다.

물론 기업(기관)이 명백한 지침이나 단호한 대응책을 제시한다면 정말 강력하고 현장에서 환영받는 매뉴얼이 나올 수 있다. 다시 한 번 강조하지만, 현장의 상황을 반영한 매뉴얼이 개발되어 감정노동자들이 보호받고 있다는 느낌이 체감될 수 있도록 실질적인 조치나 현장 대응 지침이 의사결정을 통해 현장에서 적용되는 날이 오길 바라 마지않는다.

2부

검색

검색: **BOOK** '책과나무'

반드시 알아야 할
매뉴얼 관련 주요 지침

1   고용노동부 감정노동자 보호 매뉴얼 적정성 검토 지침

2   감정노동자 보호 매뉴얼 검토 중점 사항

3   고용노동부 감정노동자 보호 매뉴얼 구체적인 검토 사례

01

고용노동부 감정노동자 보호 매뉴얼 적정성 검토 지침

　감정노동자 보호 매뉴얼은 현장에서 감정노동자가 활용해야 할 지침은 물론, 기업 입장에서 감정노동자 보호를 위해 어떻게 예방하고 지원할 것인지에 대한 체계를 포함하고 있어야 한다. 따라서 기업 및 기관은 매뉴얼 개발 시 해당 내용을 반드시 염두에 두고 반영하여야 한다. 고용노동부에서는 감정노동자 보호 매뉴얼 개발과 관련하여 아래와 같은 검토 지침이 매뉴얼에 포함되어야 적정하다고 판단하고 있다. 감정노동자 보호 매뉴얼 개발 후 적정성 검토 지침은 크게 6가지로 정리될 수 있으며, 이를 간략하게 추려서 설명해 보고자 한다.

　먼저 고객 응대 과정에서 문제 상황 발생 시 대처 방

법이 포함되었는지 여부를 확인하여야 한다. 앞서 몇 차례 언급했지만, 매뉴얼에 있어서 중요한 것은 지침이 포함되어 있어야 한다는 것이다. 현장에서 고객 응대를 하는 과정에 문제가 발생했을 때 구체적으로 어떻게 대처해야 하는지에 대한 내용이 매뉴얼에 명확하게 반영되어 있어야 한다.

두 번째로 현장 고객응대근로자 보호 규정을 강화한다는 내용이 매뉴얼에 반영되어 있는지 여부를 확인하여야 한다. 회사마다 다르겠지만, 중요한 것은 고객을 응대하는 과정에서 발생할 수 있는 근로자 이익저해행위(폭언, 폭행 등)에 대해 보호한다는 규정이 포함되어야 한다는 점이다. 예를 들어 산업안전보건법 개정안, 시행령 및 시행규칙에 포함된 감정노동 관련 내용을 근거로 감정노동자의 긴급 대피권 행사 시 내용과 절차가 매뉴얼에 상세히 반영되었는지 여부를 확인하여야 한다. 구체적으로 호신용품(스프레이, 전자식 호루라기 등)의 사용법 사전 교육 현황 및 방법을 반영하고, 고객 방문 전 회사 차원의 사전 문자를 발송한다는 내용도 매뉴얼에 반영하는 것이다. 이외에 보호 규정에는 고객의 불합리한 사후 조치 요구 시 노동자의 불이익을 금지한다거나 휴게 시간 연장, 문제 발생에 따른 치료 및 상담, 법률 지원, 예방 교육 등을 포함시켜야 한다.

세 번째로 매뉴얼 내용이 실질적인 건강 장해 예방에 도움이 되는지 여부를 확인한다. 말 그대로 예방에 초점을 맞추기 때문에 고객 응대 과정에서 감정노동자에게 욕이나 폭언, 폭행 등을 하지 않도록 사전에 안내 문구나 음성 안내를 통해서 통지한다는 내용을 반영해야 한다. 또한 규정에도 없는 부당한 요구를 하는 고객을 통제할 수 있음을 사전에 안내함으로써 무리한 요구를 하지 않도록 하는 내용이 포함되어야 한다.

건강 장해 예방을 위한 안내 문구(출처: 고객응대근로자 건강 보호 가이드 라인)

네 번째로 직원의 녹취 · 녹화에 대한 고객 소송 발생 시 회사 차원의 적절한 지원책 및 규정을 마련했는지 여부를 확인해야 한다. 한마디로 요약하자면, 고객 소송에 따른 법적 지원은 물론 이를 규정화하여 매뉴얼에 반영해야 함을 의미한다. 위 지침은 보통 매뉴얼의 감정노동자 보호 지원 및 보호 체계에 반영되는데, 고객에 의해서 소송이 발생했을 경우 소송 비용의 일부 또는 전부를 부담하는 등 직접적으로 지원하는 체계적인 소송 지원제도가 충분히 마련되어 있는지 여부를 확인하여야 한다.

다섯 번째로 감정노동자와 관련된 법령이 매뉴얼에 반영되어 있는지에 대한 여부를 확인하여야 한다. 산업안전보건법 개정안(감정노동자 보호법)의 감정노동자 보호와 관련된 법령은 물론 고객을 응대하는 과정에서 발생하는 우울증이나 적응 장애를 산재로 인정하는 고용보험 및 산업재해보상보험법이나 근로 시간 및 근로 환경 등 건강권에 대한 내용을 다루는 산업안전보건기준에 관한 규칙 및 근로기준법, 고객의 성희롱에 따른 남

녀고용평등과 일·가정양립지원에 관한 법률 이외에도 악성민원 행동에 따른 관계 법령 및 처벌 근거 기준을 반영해야 한다.

마지막으로 고객의 물리적 위협 및 성적 행동으로 직원 피해 발생 시 회사 차원의 지원 절차 편성 여부를 확인한다. 말 그대로 고객 응대 과정에서 직원의 이익 침해 행위로 인해 피해가 발생했을 경우, 구체적으로 지원 체계가 마련되어 있는지를 확인하여야 한다. 예를 들어 고객 응대 과정에서 고객의 폭언, 폭행 및 부당한 행위에 대한 응대 후 30분 이상의 휴식 시간 제공을 보장한다거나 성희롱이나 성추행, 성폭력이 발생했을 경우 휴식 시간 및 적절한 휴가를 보장한다는 내용이 매뉴얼에 포함되어 있어야 한다. 이외에도 고객 응대 과정에서 폭행 및 상해 피해를 입은 직원에게 치료비 지원은 물론 법률 자문 서비스(변호사) 운영 등에 대한 내용이 포함되어 있어야 한다.

02

감정노동자 보호 매뉴얼 검토 중점 사항

감정노동자 보호 매뉴얼 검토 중점 사항은 고용노동부가 고객 응대 매뉴얼을 개발할 때 기업이나 기관들이 반드시 검토해야 할 내용들을 정리한 것이라고 이해하면 된다. 고용노동부나 지방고용노동청에서 고객 응대 매뉴얼 내용을 보완하라고 요청해 오는 경우가 있다.

필자가 감정노동자 문제로 인해 이슈가 되었던 고객사의 매뉴얼 개발 컨설팅을 진행하면서 몇 차례 지방고용노동청에서 온 공문을 받게 되었다. 지방고용노동청에서 고객사에게 보낸 공문을 컨설팅하고 있는 필자에게 보내온 것이다. 공문은 다음과 같다.

"주 최대 52시간 시행, 우리는 과로사회에서 탈출합니다"

부산지방고용노동청울산지청

고용노동부

수신 ▓▓▓▓▓▓▓▓▓▓▓▓▓▓▓▓▓▓▓▓▓▓▓▓▓▓▓▓▓▓▓▓▓▓▓▓

(경유)

제목 고객응대 매뉴얼 내용 보완 요청

1. 산재예방지도과-▓▓▓▓▓▓) '고객의 폭언등으로 인한 건강장해 예방조치 권고'
   와 ▓▓▓▓▓▓▓▓▓▓ 각 고객센터에서의 회신자료 관련입니다.

2. 귀 센터에서 회신한 고객응대매뉴얼에 대한 검토결과, 아래 사항에 대한 사항이 미흡한
   것으로 확인되어 보완 요청하오니, 아래 내용을 포함한 후 그 결과를 ▓▓▓▓▓▓ 까지
   제출하여 주시기 바랍니다.

   ○ 포함되어야 할 사항
   가. 업무중단 등으로 인한 피해 근로자 불이익 금지 및 보호 원칙 명시
   나. 폭력, 성희롱 등 발생 시 상담·치료 지원내용 구체적으로 포함
      - 상황에 따른 업무 중단 후 피해 근로자에게 적정한 휴식·근무장소 변경·휴가
        등에 준하는 조치
      - 필요한 경우 스트레스를 완화하기 위한 기회, 심리상담 제공 등. 끝.

고객 응대 매뉴얼 내용을 보완하라는 요청의 공문인데, 보는 바와 같이 해당 기업이나 기관이 매뉴얼을 개발하는 과정에서 잘못된 부분이나 미흡한 것이 확인되면 해당 부분에 대한 내용을 수정 및 개선하라고 요구해 오기도 한다. 그뿐만 아니라 매뉴얼에 누락된 내용이 있다면, 포함되어야 할 내용을 구체적으로 명기하여 수정 및 보완할 것을 요청하는 경우도 있다.

위 고객사 말고도 다양한 기업 및 기관을 컨설팅하면

서 공문 형태로 내려오는 내용을 살펴보면, 해당 기관에서 검토한 내용들이 어떤 것인지를 알 수 있다. 첨부한 공문을 보면, '업무 중단으로 인한 피해 근로자 불이익 금지 및 보호 원칙을 명시'하라거나 '폭력, 성희롱 등 발생 시 상담·치료 지원 내용을 구체적으로 포함'하라는 내용이 기재되어 있다.

이외에도 다른 기업이나 기관으로 보내온 공문을 보면 몇 가지 눈에 띄는 보완 요청 사항이 있다. 그렇다면 고용노동부나 지방고용노동청에서 중점적으로 검토하는 내용에는 무엇이 있을까? 보완 요청 사항 중 지침에 대한 '구체성'에 주목할 필요가 있다. 예를 들면 고객과의 문제 상황 발생 시 대처 방법을 구체화할 것을 요구하고 있다. 추상적인 것보다는 좀 더 구체적인 지침을 매뉴얼에 반영해야 고객을 응대하는 과정에 문제가 발생할 때 혼란을 최소화할 수 있기 때문이다.

또한 현장 감정노동자에 대한 보호 규정을 강화하는 내용을 구체화할 것을 요청하는 경우가 많다. 예를 들어 고객의 집을 방문하는 경우, 회사 차원에서 사전에 문자를 보내거나 문제가 발생했을 경우 소송을 제기할 때 증거 채집을 위한 녹화 및 녹화 장비를 지원한다거나 호신용품(전자식 호루라기나 터치소리 등)을 지급하는 등의 보호 규정을 구체화할 것을 요구하는 것이다. 그뿐만 아니라 호신용품에 대한 사용법을 사전에 교육할 것을 요구하고 있다.

이외에 산업안전보건법 개정안(감정노동자 보호법)에 포함된 감정노동 관련 내용을 중점적으로 검토해야 한다. 예를 들어 성희롱, 성추행, 성폭행, 폭언, 폭행 등 고객의 행동에 의한 감정노동자의 긴급 대피권 행사 시 내용과 절차가 매뉴얼에 상세하게 반영되었는지 여부를 확인해야 한다. 추가적으로 고객의 불합리한 사후 조치 요구 시 감정노동자에 대한 불이익 금지, 휴게 시간 연장, 문제 발생 시 치료 및 상담, 법률 지원, 예방 교육 여부도 반드시 확인해야 한다.

중점 검토 사항에는 매뉴얼의 내용이 실질적인 건강 장해 예방에 도움이 되는지 여부를 검토하며, 위에서 언급한 대로 응대 과정에서 녹취·녹화에 대한 고객의 소송이 발생할 경우 회사 차원의 적절한 지원책에 대한 규정의 마련 여부도 검토하는 것으로 나타난다.

다음 장에서는 매뉴얼에 대한 검토 내용을 좀 더 구체적인 사례를 들어 설명하도록 하겠다.

03

고용노동부 감정노동자 보호 매뉴얼 구체적인 검토 사례

앞장에서는 고용노동부나 지방고용노동청이 고객 응대 매뉴얼을 개발할 때 기업이나 기관들이 반드시 검토해야 할 내용들을 정리한 감정노동자 보호 매뉴얼 검토 중점 사항에 대해서 설명하였다. 이번에는 매뉴얼과 관련하여 어떤 내용을 구체적으로 검토하였는지에 대해 알아보도록 하겠다.

아래 예시는 해당 기관이 실제로 검토한 내용이므로, 매뉴얼을 개발할 때 방향성을 잡거나 세부적인 지침을 반영하고자 할 때 참고하여 작성하는 것이 바람직하다.

- 매뉴얼 제목은 '블랙컨슈머 응대 원칙' 대신 '고객 응대 유형별 사례 조치 매뉴얼' 등 다른 명칭을 적용할 것
- 현장 방문노동자 근무 지침을 명확히 작성 요망
- 고객의 위협적 행동 발생 시 위협으로부터 이탈하는 「긴급 대피권」에 대한 단계별 사항을 매뉴얼에 기재
- 사후 조치 중 회사에서 고객응대근로자를 위해 제공하는 내용(법률 지원, 치료 지원, 불이익 금지 등)의 상세 작성 요함
- 성희롱 및 신변 위협 상황 발생 대응 방법을 구체적으로 작성할 것
- 형식적인 법률 내용이 그대로 기재되어 있으므로 회사 사정 또는 상황에 맞는 매뉴얼 재작성 필요
- 비대면 근로자 이외 대면 근로자의 내용도 포함한 매뉴얼의 전반적인 재수정 필요
- 고객으로부터 불쾌한 감정을 조절할 수 있는 조치나 내용에 대해서 형식적이 아닌 구체적인 내용 반영
- 고객 폭언에 대해 중지 요청 후 단호한 어조는 부정적인 영향을 초래할 수 있으므로 단어의 사용 범위까지 기재될 필요성이 없으며, 고객 행위에 따른 행동 요령이 기재되도록 매뉴얼 수정(제도적 절차가 필요함)
- 매뉴얼은 PPT 등 교육 자료 형식이 아닌 문서 형태로 근로자 근무 장소 또는 휴식 공간에 비치하여 항시 볼 수 있도록 게시
- 고객 유형별 조치 사항 단계가 구분되어 있지 않고 대부분이 동일하므로 유형별 조치 방법을 구체화할 것
- 성폭력 대처 부분에서는 상황에 따라 업무를 종료하는 것이 최종 대안으로 제시되고 있으나 업무 종료 방법에 대한 절차가 분명하지 않고 (긴급 이탈권 및 녹취, 녹화 등), 직접적인 성관계 요구 시 업무 종료 후 자리를 이탈하는 것은 행동 절차상 맞지 않음

- 감정노동자와 관련된 관계 법령(산업안전보건법, 개인정보보호법 등)을 매뉴얼에 반영해 법령 숙지나 참고하게 함
- 고객의 물리적 위협(폭언, 폭행)과 성적 행동(성희롱, 성폭행 등)으로 증거 채집을 위한 녹취 및 녹화 시 추후 개인정보보호법 등 법률 위반을 이유로 소송 제기 시 보호 제도 및 회사 차원의 지원 근거를 회사 규정과 연계하여 매뉴얼에 명시할 것
- 대응 팁(Tip) 등은 매뉴얼 이외 타 교육 내용으로 구분하고 매뉴얼에 포함되는 내용들은 삭제 요망
- 고용노동부에서 발간한 감정노동 종사 건강 보호 핸드북을 그대로 인용하지 말고 사업장 환경에 맞게 편성한 실무적이고 활용적인 감정노동근로자 보호 조치 매뉴얼을 작성할 것
- 성희롱 예방 표준 매뉴얼을 별도가 아닌 제작할 매뉴얼에 포함하여 사례 부록집 편으로 편성 요망
- 상황별 응대법에는 고객이 불안하게 할 경우만 명시되어 있고, 이외의 추가 상황에 대한 대처 방안 및 사례가 없으므로 추가적인 보완이 요구됨

3부

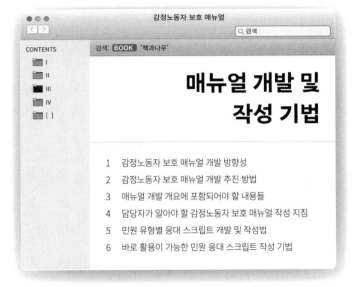

감정노동자 보호 매뉴얼

검색: BOOK '책과나무'

매뉴얼 개발 및 작성 기법

1 감정노동자 보호 매뉴얼 개발 방향성

2 감정노동자 보호 매뉴얼 개발 추진 방법

3 매뉴얼 개발 개요에 포함되어야 할 내용들

4 담당자가 알아야 할 감정노동자 보호 매뉴얼 작성 지침

5 민원 유형별 응대 스크립트 개발 및 작성법

6 바로 활용이 가능한 민원 응대 스크립트 작성 기법

01

감정노동자 보호 매뉴얼 개발 방향성

최근 블랙컨슈머에 의한 갑질이나 비이성적인 행위에 대해서 단호하게 대응하는 기업들이 늘어나고 있다. 일례로 전화로 욕을 하는 고객에게는 단선정책(Ending policy)을 시행하는 곳도 있고, 욕이나 성희롱을 하는 사람들에게 고소 또는 고발로 대응하는 곳도 있다. 고객상담센터에 전화해서 무리한 사은품을 요구하며 욕설과 비방을 한 고객을 상대로 법적인 조처를 한 곳도 있으며, 블랙컨슈머 리스트에 오른 고객에 대해서는 아예 주문·환불·교환이 불가능하도록 조치하는 홈쇼핑 업체도 있다.

또 몇 해 전에는 고객센터에 전화해서 하루 5시간 동

안 욕설을 퍼부어 상담직원이 스트레스를 받아 기절하게 해 공갈 및 업무방해혐의로 구속된 사례도 있었다. 강경한 조치 외에도 선제적인 대응의 일환으로 가족들의 목소리를 연결음에 활용하는 등의 다양한 노력을 경주하는 곳도 있다. 이와 함께 직원들의 감정노동에 따른 사후 처리에 초점을 맞춰 심리적인 충격을 완화하거나 최소화하기 위해 필요한 활동이나 지원 대책을 마련하여 제공하는 기관이나 업체도 늘어나고 있다.

그러나 감정노동자 보호를 위해 무엇보다 중요한 것은 매뉴얼 개발이라고 할 수 있다. 그렇다면 감정노동자 매뉴얼은 어떠한 방향성을 가지고 개발되어야 할까? 매뉴얼 개발 시 가장 중요한 것은 실제 현장에서 일하는 업무 담당자들을 대상으로 폭언 · 욕설 · 성희롱 · 억지주장을 일삼는 블랙컨슈머로 인해 발생하는 정신적 · 신체적 피해를 최소화하는 방향으로 개발되어야 한다는 점이다.

예를 들어 폭언이나 성희롱, 억지주장, 장시간 통화, 과도한 보상 등 블랙컨슈머(악성민원인)에 의해서 저질러지는 악성 불만들을 유형화하고, 이어서 대응 순서와 함께 대응 요령과 법적 대응과 관련한 지식이나 정보를 제공해야 한다. 이와 함께 법적 대응 시 처벌받을 수 있는 법령이나 대응 시 상대방의 심리를 이용한 대응 기법과 함께 현장에서 활용할 수 있는 유용한 표현법을 제공해야 한다.

이뿐만이 아니라 현장에서 욕설이나 폭력이나 성희롱 등으로 인해 피해를 입은 감정노동자들에게 심리적 충격을 완화하기 위한 휴식과 함께 치유를 위한 장소나 시간을 제공해야 하며, 정기적인 심리치료는 물론 감정노동을 완화하거나 최소화할 수 있는 방법 및 지침을 제공해야 한다.

일반적으로 감정노동자 보호 매뉴얼은 사전, 현장, 사후로 구분하여 갖추어야 한다. 사전 매뉴얼은 예방 관점(Prevention Perspective)에 초점을 맞추어야 하고, 현장 매뉴얼은 발생한 일에 대한 대응 관점(Response Perspective)에 초점을 맞추어야 하며, 마지막으로 사후 매뉴얼은 관리 관점(Management Perspective)에 초점을 맞추어야 한다.

감정노동자 보호 매뉴얼을 개발하기 위해서 필요한 몇 가지 정보를 설명하도록 하겠다. 보통 매뉴얼이라는 것은 정보(Information)와 영향력(Influence)이라는 두 가지 목적에 충실해야 하며, 이를 위해 다음과 같은 사항이 고려되어야 한다.

- 사전에 활용 목적 및 목표, 주체에 대한 명확한 정의
- 사용자의 이용 편의성 고려
- 정보(Information)와 영향력(Influence)을 고려하여 개발
- 해결 중심적인(Solution-oriented) 관점에서 개발
- 상황에 따른 탄력적인 대응이 가능하도록 개발

이제 위에서 언급한 몇 가지 주의 사항을 토대로 일반적인 감정노동자 보호 매뉴얼 개발 프로세스에 대해서 설명하겠다. 감정노동자 보호 매뉴얼 개발은 '기획 – 집필(실행) – 검토(검수) – 수정 및 보완 – 활용'의 단계로 나누어서 진행하는데, 각 단계별 주요 내용은 아래 표를 참고하기 바란다.

그렇다면 감정노동자 보호 매뉴얼에 포함되어야 할 주요 내용은 무엇이어야 할까? 필자 나름대로 감정노

〈감정노동자 보호 매뉴얼 개발 프로세스〉

절차	주요 내용
기획 단계	• 내부 감정노동 현황 및 주요 이슈 파악 • 감정노동에 관한 정보 수집 및 분석 및 조사 시행 • 감정노동자를 위한 법률 및 기타 제도에 대한 자문 • 감정노동 보호 매뉴얼 관련 기획서 작성 • 감정노동 보호 매뉴얼 구성 요소 및 주요 콘셉트 선정 • 국내외 자료 및 타사 매뉴얼 구축 사례 참고
집필(실행) 단계	• 감정노동 보호 매뉴얼 내용 구성을 위한 개요 정리 • 매뉴얼 목차 작성 • 매뉴얼 작성(감정노동 관련 정보와 지식을 바탕으로 지침 반영) • 매뉴얼 반영 내용에 대한 규정 및 지침 정리
검토(검수) 단계	• 전문가 및 실제 현업 담당자가 참여하여 검수 진행 • 매뉴얼 활용에 대한 적합성 및 적정성 여부 • 실제 사용자에 의한 평가 및 모니터링
수정 및 보완	• 검토(검수) 단계에서 나타난 구성 및 내용상 문제점 수정 보완
활용 단계	• 최종 검토 및 수정 보완된 매뉴얼의 편집 및 디자인 • 사용자 전달 및 공유(매뉴얼 활용 지침 및 가이드 반영) • 교육 및 훈련 진행

동자 보호 매뉴얼을 구성하는 내용을 정리하여 소개한다. 아래 내용 외에도 현장에서 필요로 하는 내용을 FGI(Focused Group Interview) 또는 내부 조사를 통해서 회사의 상황에 맞게 추가 반영하거나 들어갈 내용을 수정·보완하는 것이 바람직하다.

• 감정노동의 개념 및 주요 이슈

- 감정노동과 스트레스
- 감정노동으로 인한 스트레스 및 대처 방법
- 감정노동자 보호 체계(보호 체계 및 절차 / 지원·보호 체계)
- 감정노동자를 위한 보호 프로그램 이해 및 활용 안내
- 감정노동에 대한 주요 가이드라인 반영
- 블랙컨슈머 표준 응대 가이드(현장 대응 원칙, 파악해야 할 내용과 증거 등)
- 악성민원인 단계별 대응 및 처리 절차
- 블랙컨슈머 상황별 응대 매뉴얼(시각적 구조화에 근거한 응대 스크립트)
- 블랙컨슈머 대응 기법 및 단계별 처리 절차
- 감정노동으로부터 자가 보호(Self-care)
- 감정노동자 스트레스·우울증 자가 진단을 위한 체크리스트
- 스트레스·우울증 예방을 위한 팁(Tip)
- 감정노동 관련 내·외부 기관 안내 외

　지금까지 감정노동자 보호 매뉴얼 개발의 방향성에 대해서 알아보았다. 물론 감정노동자 보호 매뉴얼이 개발되었다고 해서 감정노동 문제가 모두 해결되는 것은 아니다. 이러한 문제가 현실적으로 실효를 거두기 위해서는 법적인 조치 등이 병행되어야 한다. 그러나 아직

감정노동자 보호를 위한 실질적인 법적 조치나 활동이 미진한 현 상황에서는 그나마 감정노동자 보호 매뉴얼이 감정노동자를 보호하기 위한 마지막 보루라고 생각된다.

02

Q 감정노동자 보호 매뉴얼 개발 추진 방법

감정노동자 보호 매뉴얼 개발을 위해서는 구체적인 추진 방법이 필요하다. 매뉴얼 개발과 관련한 구체적인 내용은 다음 장에서 설명하겠지만, 감정노동자 보호 매뉴얼 개발에 따른 추진 방법은 매뉴얼 매뉴얼을 어떤 방식으로 개발할 것인지를 결정하는 것이다. 따라서 지금부터 설명하는 내용과 함께 어떤 프로세스에 입각하여 진행할 것인지가 추진 방법의 핵심이라 할 수 있다.

매뉴얼 개발을 추진한다면 적어도 개발과 관련하여 몇 가지 사항들에 대한 확인이 필요하다. 먼저 매뉴얼 개발 관련하여 크게는 추진 계획과 개발조직 그리고 구체적으로 자료 수집과 사례 조사는 어떤 방식으로 전개

할 것인지에 대한 내용이 포함되어야 한다.

그뿐만 아니라 매뉴얼의 활용 범위와 함께 개발되는 매뉴얼에 대한 구체적이고 세부적인 내용들을 정리해야 한다. 그리고 매뉴얼 활용에 대한 방법을 명시해야 하는데, 감정노동자 보호 매뉴얼 개발을 추진하는 데 있어 필요한 내용을 정리하면 다음과 같다.

추진계획	매뉴얼 개발에 따른 주요 추진 계획을 서술 예시 개발기간 및 소요 예산(비용) / 주요 추진 부서 / 주요 세부 일정 포함
개발조직 운영	매뉴얼 개발과 관련한 조직 운영 및 지원에 대한 주요 사항 예시 ○ 악성민원인 대응 및 감정노동 관리에 대한 콘텐츠 개발 조직 지원 ○ 악성민원인 대응 및 감정노동 관련 법률 및 노무 단체 지원 필요
자료 수집 및 사례 조사	매뉴얼에 반영되어야 할 자료 및 사례 수집 방법 예시 ○ 국내외 자료 수집 · 분석 (타사 Best practice) ○ 내부 자료 조사 · 분석 및 접점 직원 인터뷰 / 외부 전문가 자문 등
매뉴얼 활용 범위	개발한 매뉴얼이 활용되는 범위를 구체적으로 명시 예시 ○ 감정노동 예방 · 관리 지침 ○ 악성민원인 대응 지침 / 유형별 응대 등
세부 내용	매뉴얼에 포함될 내용들 정리 [대—중분류]
활용 방법	매뉴얼 활용에 대한 방법 명시 예시 전국 사업장에 배포 및 감정노동자 지침용으로 활용 / 내부 교육 기관 교재로 활용 / 온라인 매뉴얼 / 오프라인 매뉴얼 병행 활용 [Web 매뉴얼(KMS) / Hardcopy용 배포 등]

감정노동자 보호 매뉴얼 개발 추진 내용 예시

보통 매뉴얼을 개발할 때는 '기획(목적 및 개발 방법) ─ 실행(작성 및 개발) ─ 검토(리뷰) ─ 피드백(수정 및 보완) ─ 활용 형태' 순으로 이루어진다. 이와 같은 매뉴얼 개발 프로세스는 다음 장에서 설명하겠지만, 여기서는 구체적으로 매뉴얼 개발과 관련하여 수행하는 핵심적인 활동들을 중심으로 도식화해서 설명하겠다.

매뉴얼을 개발하기 위해서 가장 먼저 해야 할 일은 자사 내부의 구체적인 요구 사항을 분석하는 것이다. 이를 토대로 흔히 계획을 수립하고 조직을 구성하는 것이 일반적이며, 이러한 과정을 거쳐 자료 및 정보를 수집하고 매뉴얼 개발의 방향 및 지침을 수립한다. 이러한 매뉴얼 개발 지침을 토대로 초안을 작성하고 검토하는 과정을 거친다.

그리고 나서 매뉴얼을 최종적으로 검토한 후, 매뉴얼에 대한 디자인 및 편집 작업을 진행한 다음 이를 각 부서에 전달하고 공유 및 교육을 진행한다. 이렇게 매뉴얼을 개발하는 과정에서 핵심이 되는 활동을 중심으로 도식화하면 다음과 같다.

요구 사항 분석

- 개발 TFT 구성
- 매뉴얼 기획서 작성
- 감정노동 매뉴얼 개발 범위 설정 —목적, 범위, 대상 등

자료 및 정보 수집

- 내외부 자료 및 정보 수집 [1차, 2차 자료]
- 감정노동 관련 내부 규정 및 관련 법규
- 블랙컨슈머 관련 응대 관련 자료

매뉴얼 개발 방향 및 지침 수립

- 매뉴얼 개발 방향 및 지침 수립
- 자사 요구 사항 재확인(범위 및 항목 구성)
- 매뉴얼 범위 및 구성 세분화(목차 구성)

최종 리뷰 및 활용

- 수정 · 보완 작업
- 최종 검토
- 매뉴얼 시각화 및 디자인 작업

- 편집 · 디자인 및 제본
- 전달 및 공유(교육)

매뉴얼 초안 작성 및 리뷰

- 감정노동자 보호 매뉴얼 초안 작성
- 초안 검수 및 검토 → 수정 및 보완해야 할 사항 정리 (모니터링)
- 문제점 파악 · 취합

» 내·외부 자료 및 분석 수집(자사 주요 가이드라인 포함)
» Best practice 참고 및 외부 전문가 자문(법률, 콘텐츠)

감정노동자 보호 매뉴얼 개발 시 핵심 활동 중심의 도식화된 프로세스

다음으로 중요한 것이 감정노동자 보호 매뉴얼 개발 세부 일정 관리라고 할 수 있다. 매뉴얼 개발 시 일정 관리가 이루어지지 않으면, 목표한 일정에 맞추기 어렵고 진척 사항을 확인하기도 어렵다. 따라서 아래와 같이 매뉴얼 개발 세부 일정표를 만들어 관리할 필요성이 있다. 이러한 세부 일정 관리를 통해 매뉴얼 개발을 체계적으로 관리할 수 있으며, 특히 내부 자원을 활용할 경우 시간 및 비용, 투입 인원 등 자원을 낭비하지 않고 매뉴얼과 관련된 업무를 정상적으로 수행할 수 있다.

주요 수행 업무	세부일정
특성 파악 / 개발 범위 설정 **① 내부 요구분석 및 기획** 내부 자료 취합 및 분석 매뉴얼 개발 방향 지침 수립	**①** ∘ 내부 VOC/VOE 참고 ∘ 필요 시 FGI 조사 또는 1:1인터뷰 진행
도출된 매뉴얼 내용 확인 **② 매뉴얼 콘텐츠 개발**	**②** ∘ 초안 내용을 근거로 매뉴얼(콘텐츠) 개발 ∘ 초기 개발 범위 및 방향성 확인
③ 내부 리뷰(중간) 수정 및 보완(최종확인)	**③** ∘ 매뉴얼 구성 및 주요 내용 리뷰 진행 ∘ 수정 및 보완할 내용 정리 및 반영 ∘ 주요 부서 담당자 필수 참여
④ 시각화(Visualizing) 편집 및 제본(Web 포함)	**④** ∘ 시각화의 경우 내부 인력이 없을 경우 외주 형태로 진행하는 것이 바람직 ∘ 최종 매뉴얼은 용도에 따라 대면은 Hard copy형태로 비대면의 경우 Web Manual형태로 제작

감정노동자 보호 매뉴얼 개발 세부 일정 관리 예시

다음으로 감정노동자 보호 매뉴얼 개발 시 중요한 것이 바로 참여하는 사람들에 대한 명확한 책임과 권한을 설정하는 것이다. 사전에 매뉴얼 개발에 따른 명확한 권한과 책임(Role & Responsibility)이 규정되어야 향후 진행 과정에서 혼선을 최소화할 수 있고 책임 소재를 분명하게 하여 성과 지향적인 업무 수행이 가능하기 때문이다. 감정노동자 보호 매뉴얼 개발 관련 권한과 책임 및 관리 범위는 다음 도식을 참고하기 바란다.

매뉴얼 개발 수행 프로젝트		
	매뉴얼 개발 실행조직	**매뉴얼 지원부서(팀)**
주체	· 자사 요구에 부응하는 결과물 제공 · 매뉴얼 관련 커뮤니케이션 · 협업을 통한 성과지향적인 업무 수행	· 결과물 도출을 위한 지원 · 관련 자료 제공 및 인터뷰 지원 · 결과물 Review 및 확인
	커뮤니케이션	**개발인력투입**	**개발 수행 일정관리**

**관리
범위**
	· 바람직한 Output을 위한 정기적인 미팅/회의 진행
	· 매뉴얼 개발에 따른 주요 요구분석 등
	· 주요 이슈 관련
		· 매뉴얼 전문 인력투입
		  – 매뉴얼 개발 기획
		  – 편집 및 디자인 등
		· 응대 스크립트 작성 유경험자(내부)
		· 전문적인 영역의 경우 외부 소싱 고려
			· 매뉴얼 개발 수행 일정 관리 (주/일 단위)

감정노동자 보호 매뉴얼 개발 관련 권한과 책임 및 관리 범위 예시

감정노동자 보호 매뉴얼

지금까지 감정노동자 보호 매뉴얼 개발 추진 방법에 대해서 알아보았다. 모든 것을 갖추고 매뉴얼을 개발하는 것이 쉽지는 않겠지만, 적어도 위에서 설명한 방법대로 진행해 나간다면 시행착오를 줄일 수 있을 것이라고 확신한다.

03

Q 매뉴얼 개발 개요에 포함되어야 할 내용들

감정노동자 보호 매뉴얼을 개발한다고 할 때 제일 먼저 해야 할 일을 꼽는다면, 감정노동자 보호 매뉴얼을 개발해야 하는 이유와 목적이 무엇인지 명확히 해야 한다는 것이다. 조직이나 관련 부서를 설득하기 위해 반드시 필요한 작업이기 때문이다.

개발과 관련한 개요는 크게 기업이나 기관 내부의 감정노동에 대한 주요 이슈 및 핵심 포인트는 무엇인지 그리고 개발 목적과 개발 범위, 매뉴얼 개발 방법은 물론 매뉴얼을 개발했을 경우 어떠한 기대 효과가 있는지에 대한 내용이 포함되어야 한다.

독자들도 잘 알고 있다시피 비용이 수반되는 업무를

수행할 경우, 당연히 목적이 무엇이고 개발을 통해 얻을 수 있는 기대 효과가 무엇인지가 명확해야 한다. 그래야 개발에 대한 내부 결정을 할 수 있고 소요되는 비용을 마련할 수 있기 때문이다.

먼저 감정노동자 보호 매뉴얼 개발 배경을 정리한다면, 보통은 아래와 같은 내용으로 요약할 수 있다.

현장 근무 직원들이 고객의 비이성적인 행동으로 하여금 감정노동에 시달리고 있으며 이로 인해 업무 의욕이 저하되고 정상적인 업무 수행을 방해함에 따라 감정노동자 보호 매뉴얼 개발을 통해 자사 직원의 감정노동으로부터 보호는 물론 업무 환경 건전성 제고 및 대고객 서비스 향상을 기대하고자 합니다.

감정노동과 관련한 주요 이슈로는 여러 가지가 있지만 보통 아래와 같은 내용이 반영되면 충분하다. 감정노동 이슈는 감정노동자 보호 매뉴얼을 개발해야 하는 이유와 상황을 정리한 것으로, 기안 및 품의를 할 때는 아래 내용을 참고하여 작성하면 좋다.

- 고객 요구의 니즈(Needs) 및 다양화
- 악성민원인의 사회 이슈화 및 감정노동의 심화
- 과도한 친절로 인한 불편함을 제공하는 서비스
- 권한 위임이나 책임 또는 재량권 등 자율성 부재
- 산업안전보건법 개정안 통과 및 시행
- 감정노동보호에 대한 '권고'가 아닌 '제재'로의 전환
- 감정노동 관련 법안들의 핵심은 처벌 규정 법제화
- 감정노동자의 적응장애, 우울증 산재 인정

　다음으로 위와 같은 감정노동과 관련한 이슈가 있는데, 이러한 상황에서 자사는 어떻게 대응해야 하는지를 간단히 정리하고 매뉴얼 개발 목적을 제시한다. 예를 들면 아래와 같다.

- 자사 감정노동을 수행하는 직원들 예방 및 보호 필요
- 고객 응대 과정에서 감정노동자를 보호하기 위한 구체적인 지침 마련
- 감정노동자 보호법(산업안전보건법 개정안) 강화에 대비한 선제적 대응
- 감정노동자 보호 관련, 문제 해결을 위한 구체적이고 전문적인 대응 체계 마련
- 사회적인 감정노동 이슈에 대한 위기 관리 필요

위에서 설명한 내용 이외에도 자사 상황에 맞게 감정 노동자 보호와 관련하여 다양한 이슈 포인트들을 발굴해 이를 해당 내용에 반영한다. 위에서 구체적으로 매뉴얼이 필요한 배경이나 이슈 그리고 매뉴얼 개발 목적을 예를 들어 설명했는데, 여기에 추가적으로 신입 사원이나 기존 사원 중에 MZ세대의 비중과 MZ세대 고객층의 비중이 증가하고 있다는 사실을 어필하는 것도 좋다. 예를 들어 MZ세대의 출현으로 인해 고객 서비스에 대한 구체적인 지침이 없으면 오히려 기업 입장에서는 생각보다 큰 위험에 직면하게 되는데, 이러한 위험에 체계적으로 대응 및 관리하기 위해서는 매뉴얼이 필요하다는 점을 강조하는 것도 좋다. 매뉴얼 개발 목적을 간단하게 아래와 같이 한 문장으로 정리할 수 있겠다.

감정노동으로부터 접점 직원들을 보호하고 현장에서 체계적이고 효과적인 악성민원 대응을 통해 피해를 최소화하기 위한 현장 및 실무 중심적인 지침 제시 및 활용

개발 목적과 함께 매뉴얼 개발 범위도 개요에 들어가야 하는데, 매뉴얼 개발은 내부 의견을 수렴해 어디까지 개발할 것인지를 정하는 것이다. 보통 감정노동자 보호 매뉴얼은 뒤에서 자세히 설명하겠지만 크게 감정노동에 대한 이해를 바탕으로 하여 감정노동자 보호 체계, 악성민원 표준 응대 가이드, 악성민원 유형별 응대 매뉴얼(상황별 응대 스크립트), 감정노동자 자가 보호(Self-care), 감정노동자 보호를 위한 부록(Appendix)으로 구성된다.

따라서 개발 범위는 위에서 나열한 내용들을 그대로 쓰거나 자사 상황에 맞게 좀 더 세분화해서 작성하기도 한다. 예를 들면 아래와 같다.

- **감정노동의 이해**
- **자사 감정노동 예방 · 보호, 관리 체계**
- **악성민원인 표준 응대 가이드**(현장 대응 지침 및 단계별 대응 절차 등)
- **악성민원인 유형별 응대 매뉴얼**(시각적 구조화에 의한 절차서 및 응대 스크립트)
- **감정노동으로 자기 보호하기**(감정노동 수행에 따른 셀프 케어 기법)
- **부록**(우울증 예방, 법적 처벌 근거, 도움 및 지원 관련 정보, 기타 양식 외)

개발 범위 이외에도 매뉴얼 개발 기간과 개발 방법 그리고 개발에 따른 비용 및 지원 사항들을 간략히 작성하면 좋다. 그리고 이렇게 개요에 반영한 내용을 근거로 매뉴얼을 개발하면 된다.

마지막으로 기대 효과에 대해서는 자사 상황에 맞게 매뉴얼을 개발했을 때 얻을 수 있는 유·무형의 기대 효과를 기술하면 좋다. 중요한 것은 내용을 읽어 보고 매뉴얼 개발에 대한 효과가 구체적으로 제시되어야 한다는 점이다. 기대 효과의 경우 객관적인 수치나 통계 및 그래프를 통해 보여 주는 것이 가장 좋지만, 정량적인 수치로 보이기 어렵다면 누가 들어도 이해할 수 있고 납득할 만한 수준의 정성적인 기대 효과를 제시하는 것도 좋다. 예를 들면 아래와 같다.

감정노동자 매뉴얼 개발을 통해 접점 직원들의 감정노동 보호는 물론 감정노동자의 업무 몰입도 및 직무 만족도 개선과 기업 이미지 개선, 그리고 대고객 서비스 향상 및 내부 유·무형 생산성 지표 개선 기대

매뉴얼 개발에 따른 기대 효과를 병렬 형태로 다양한 효과를 제시하고자 한다면, 아래와 같이 기술하는 것도 좋다.

- 직원 보호를 위한 실무 지침을 통해 감정노동 대응 및 악성 고객 대상 체계적인 응대가 가능
- 악성민원인 응대에 필요한 기법의 습득 및 체계화
- 감정노동 매뉴얼 개발 전체 표준 프로세스 수립에 따른 내부 생산성 향상
- 감정노동자 일하기 좋은 건전한 근무 환경으로의 개선
- 기업의 사회적 이미지 개선
- 감정노동자의 업무 몰입도 및 직무 만족도 개선
- 감정노동자의 신체적 · 정신적 건강 향상
- 직원 몰입도 및 사기 진작 외

지금까지 감정노동자 보호 매뉴얼 개발의 배경 그리고 개요에 대해서 알아보았다. 사실상 앞에서 언급한 내용들을 생각해서 쓰려면 적지 않은 시간이 소요되는데, 해당 내용을 참고해서 자사 상황에 맞게 작성하면 시간을 절약할 수 있다.

04

담당자가 알아야 할
감정노동자 보호 매뉴얼 작성 지침

Q

매뉴얼을 작성할 때는 매뉴얼 개발과 관련하여 반드시 알고 있거나 지켜야 할 일련의 규칙 또는 요건 등을 규정한 지침이 필요하다. 보통 지침이라고 하면 매뉴얼 개발을 효과적으로 수행하기 위하여 매뉴얼 개발 업무와 관련된 각종 내용을 규정하고 명시하기 위해서도 필요하다. 일종의 가이드라인이라고 할 수 있는데, 이러한 작성 지침이 없으면 매뉴얼 개발의 방향성이 명확하지 않아 매뉴얼의 취지나 목적을 제대로 살리기 어렵다.

보통 매뉴얼은 혼자서 개발하는 것이 아니라 프로젝트 형식으로 적어도 2명 이상이 모여 머리를 맞대고 진행하는 작업이므로 이와 같은 지침은 꼭 필요하다. 개발하는 사람 외에도 관련 부서 사람들이 반드시 알고 있어야 할 내용들이 포함되어야 한다. 작성 지침에 포함되어야 할 내용은 다음과 같다. 물론 이외에도 자사 상황에 맞게 매뉴얼 작성 지침이 추가될 수 있다.

- 매뉴얼 개발 목적과 매뉴얼의 적용 범위
- 매뉴얼에 사용되는 용어에 대한 정의
- 매뉴얼 개발 방향성
- 매뉴얼 개발 절차(프로세스)
- 매뉴얼과 관련하여 내부 구성원의 구체적인 역할
- 매뉴얼 구성 요소
- 매뉴얼 활용 방법

먼저 매뉴얼 작성 지침의 목적은 산업안전보건법상 고객 응대 업무를 수행하는 직원들을 대상으로 이들이 고객 응대 업무를 수행하는 과정에서 이익 저해 행위를 막고 고객 응대 현장에서 발생할 수 있는 다양한 장해를 예방하기 위해 매뉴얼을 개발한다는 것을 분명히 한다. 이외에 매뉴얼을 개발하는 데 있어 필요한 지침을 정하는 것을 목적으로 삼는다. 물론 생략해도 무방하나

위에서 언급한 것처럼 지침 없이 개발되는 매뉴얼보다는 통일성이나 표준화 측면에서 체계적으로 보일 수 있다.

적용 범위는 감정노동자 보호 매뉴얼이 개발되고 난 뒤 해당 매뉴얼이 어디에 적용되는지를 구체화하는 것이다. 매뉴얼의 주요 적용 대상자는 누구이고 어느 장소(사업장)에서 적용해야 하는지를 작성한다. 보통 회사명과 함께 적용 대상자를 명시하고, 해당 매뉴얼의 예외 적용과 관련한 내용이 있을 경우 구체적인 적용 방법은 무엇인지를 작성한다. 예를 들면 아래와 같다.

- 본 감정노동자 보호 매뉴얼을 ㈜○○○○의 모든 임직원 및 관련자(업체)에게 적용한다.
- 고객응대근로자의 이익 저해 행위를 사전에 예방하고 그 피해를 신속히 처리함에 있어서 산업안전보건법령 및 사내 규정에서 특별히 정한 것 이외에는 본 매뉴얼을 적용한다.
- 본 매뉴얼에 규정되지 않은 내용 중 구체적인 실행 사항은 관련 법규, 사규, 사내 업무 기준 및 사내 지침·방침에서 정한 바에 따른다.

위와 같이 매뉴얼의 적용 범위를 정하고 나면 매뉴얼

을 개발하는 과정에서 사용되는 용어에 대한 정의를 내리고 작성 지침에 반영하여야 한다. 예를 들면 매뉴얼 개발 시 사용되는 '감정노동'과 '감정노동자'에 대해 어떻게 정의할 것인지를 생각해야 한다. 이외에 '고객 응대 업무', '악성민원', '블랙컨슈머', '감정노동자 이익 저해 행위'는 어떻게 정의 내릴 것인지를 작성한다. 예를 들면 아래와 같다.

- '고객 응대 업무'란 감정노동자가 접점에서 고객을 대면 또는 비대면으로 접촉하고 해당 고객을 상대하면서 상품이나 서비스를 제공하는 업무를 의미한다.
- '감정노동'이란 말투나 표정, 몸짓 등 드러나는 감정 표현을 직무의 한 부분으로 연기하기 위해 자신의 감정을 억누르고 통제하는 일이 수반되는 노동을 의미한다.

매뉴얼 작성 기본 방향은 어떤 목적으로 개발되어야 하며 매뉴얼에 반드시 포함되어야 할 내용은 무엇이고 어떠한 방향성을 가지고 개발되어야 하는지를 정하는 것이다. 한마디로 말하자면 매뉴얼을 개발하는 데 있어서 톤 앤 매너(Tone & manner)를 정하는 것인데, 매뉴얼에 대한 특징 또는 성격을 결정하는 과정이라고 보면 된다. 매뉴얼 개발 방법이나 방식을 한 가지 방향으로 유지할 수 있도록 기준이나 전체적인 콘셉트(Concept)를 정한다고 보면 이해하기 쉽다. 다음은 매뉴얼 작성 기본 방향에 대한 예이다.

- 본 매뉴얼은 감정노동을 수행하는 근로자들의 고충을 이해하고 이들이 현장에서 마음에 상처를 입지 않고 응대할 수 있도록 개발되어야 한다.
- 본 매뉴얼은 감정노동자 보호를 위한 예방 및 보호 활동이 지속적이고 효율적으로 추진될 수 있도록 사업장의 특성에 맞게 작성되어야 한다.

다음으로 매뉴얼 개발 절차는 뒤에서 별도로 설명하겠지만, 어떤 방법론을 가지고 매뉴얼을 개발할 것인지에 대한 내용을 반영하는 것이다. 매뉴얼을 개발할 때, 매뉴얼 개발 프로세스와 현장에서 활용하는 고객 유형별 응대 스크립트는 각기 다른 방법론에 입각해서 개발해야 한다. 개발 프로세스는 크게 '기획 – 집필(실행) – 검토(검수) – 수정 및 보완 – 활용' 단계를 거친다. 본문에서 다루는 감정노동자 보호 매뉴얼 개발 프로세스는 일반적인 개발 프로세스와 한국감정노동인증원(KCCEL)에서 개발한 방법론 두 가지를 바탕으로 설명하고자 한다.

다음으로 작성 지침에는 매뉴얼과 관련하여 내부 구성원의 구체적인 역할을 규정하여야 한다. 내부 구성원은 크게 고용주, 감정노동자, 고객 응대 업무를 수행하는 관리자, 그리고 고객 응대 업무 관리 및 지원부서 등으로 구분할 수 있다. 여기서 역할을 규정한다는 것은 각 주체들의 역할과 책임을 제한하여 정하는 것으로 이해하면 된다.

매뉴얼 관련 내부 주요 구성원의 구체적인 역할에 대한 예를 들면 아래와 같다.

- 고용주의 경우, 매뉴얼의 필요성을 이해하고 매뉴얼 개발에 소요되는 비용 및 자원을 지원한다.
- 감정노동자는 매뉴얼의 작성 방향을 충분히 이해하고 매뉴얼에 반영되어야 할 내용을 제안한다.
- 고객 응대 업무 관리자의 경우, 매뉴얼 개발 전략 및 계획을 수립하고 실제 개발 및 작성에 참여하는 등의 실무 업

무를 총괄한다.

- 고객 응대 업무 관리 및 지원부서는 매뉴얼 개발에 필요한 자원은 물론 매뉴얼 개발 전반에 걸쳐 총괄적인 역할을 수행한다(현황 파악, 내부 자료 지원, 내부 지원, 예산, 외부 자문 등).

다음으로 매뉴얼 구성 요소는 개발 범위에 포함되는 내용으로 갈음해도 무방하다. 앞서 설명하였다시피 감정노동자 보호 매뉴얼에 포함되어야 하는 내용 중에 매뉴얼의 목적, 감정노동 현황 및 주요 이슈, 감정노동 이슈에 따른 경영 방침, 매뉴얼의 적용 범위, 악성민원의 정의 및 분류, 응대 스크립트, 악성민원 표준 응대 가이드 외 감정노동자의 권리 보장이나 감정노동자 보호 및 지원 체계, 감정노동자 셀프 케어 등 포함되어야 할 내용을 구체화한다.

마지막으로 감정노동자 보호 매뉴얼의 활용 방법에 대한 내용이 포함되어야 한다. 매뉴얼 개발 지침에서 제시한 내용을 단순히 준수하는 수준에서 그치는 것이 아니라, 실제 현장에서 고객 응대를 하는 과정에서 실질적으로 활용할 수 있어야 한다는 내용이 포함되어야 한다. 이와 함께 매뉴얼을 어디에 게시하여야 하고 어떤 형태로 배포해야 하는지, 매뉴얼을 활용하는 데 있어 해야 할 것과 하지 말아야 할 것에 대한 기준을 제시하기도 한다.

05

Q 민원 유형별 응대 스크립트 개발 및 작성법

위에서 우리는 감정노동자 보호 매뉴얼을 개발하기 위한 프로세스에 대해서 알아보았다. 감정노동자 보호 매뉴얼에 있어서 가장 핵심이 되는 내용을 하나 선택하라고 한다면 십중팔구는 악성민원인 응대 지침을 선택할 것이다. 대부분 민원을 해결하는 과정에서 감정노동이 발생하기 때문이고, 이러한 과정에서 신체적으로 정신적으로 고통받는 경우가 많기 때문이다.

악성민원인을 응대하는 스크립트 개발은 기업의 중요한 프로세스를 만드는 일이고, 이렇게 만들어진 프로세스가 기업을 대표하는 직원들의 입을 통해 해당 고객에게 전달되기 때문에 반드시 협업을 통해 개발되어야 한다.

보통 감정노동자 보호 매뉴얼 중 민원 유형별 응대 매뉴얼은 유형별 응대 절차서와 유형별 응대 스크립트로 구성된다. 응대 절차서는 현장에서 고객 대응 시 전체적인 대응 절차로, 실제 대응 지침이라고 할 수 있다. 주요 구성으로는 유형, 대응 시 유의 사항과 각 단계별 대응 시 주의하여야 할 사항 및 필수 이행 사항 그리고 자사에서 마련한 보상 기준과 법적 조치 시 관계 법령 또는 근거 기준이 반영되어야 한다.

유형별 응대 절차서

유형	[대면]폭언/협박 시	매뉴얼번호	출 2015-01-001
업무구분	대면_출동 [AS/설치]	클레임등급	내부 기준 마련

대응 시 유의사항

단계	대응 내용	비고
1단계	불만 제기 / 불만 접수	• 불만 접수 전 사전에 상담 이력 확인 必
2단계	주요 불만 사항 파악 [피해 여부 / 보상 여부] 클레임 관련 객관적 사실[증거자료] 확보 불만 세부 사항 확보	• 녹화 / 녹취 • 물리적 증거 / 문서 • 부메랑 기법 활용
3단계	불만 사항 요약 및 확인	BIFF 기법 활용
4단계	조치 및 처리 [불만 유형에 따른 처리]	• 교환/환불/개선 • 사과/수리/회수 • 보상/변경/철회 등
응대 종료	응대 상담 종료	• 대면 • 비대면
후속 조치	[고객]불만 처리 결과 통보 및 안내 [사내]관리자 보고 / 해당 부서 협의 고객관리시스템 및 VOC 등록	• VOC시스템 • 상담이력시스템

[보상기준]

[관계 법령 및 근거 기준]

유형별 응대 절차서

핵심 포인트	#1 : 고객 불만 제기 시 불만내용 관련한 필수 파악 #2 : 대안 제시할 경우 단계별 제시[립서비스 → 출동/AS서비스 → 현물 → 보상 순] #3 : 주요 불만사항 파악 시 녹취, 녹화 등 증거물 확보 필수 #4 : 과도한 보상 요구, 협박 등의 경우 처리지침 가이드에 따라 행동할 것 #5 : 불만고객 반론은 유형별 응대 스크립트 참고할 것
첫인사	안녕하세요? 저는 △△△△△ ○○○입니다.
정중한 사과	고객님의 불편에 대해 정중히 사과드립니다. 고객님, 저희 서비스에 불편을 느끼셨다니 정말 죄송합니다
불만내용 파악	혹시 우리 회사의 어떤 서비스에서 불편을 느끼셨다는 것인지 말씀해 주실 수 있겠습니까? [필수 파악 내용] – 고객 불만의 대상 – 고객의 주장에 근거가 되는 사실(Fact)이나 정황 – 고객 요구 사항
불만사항 요약/확인	고객님이 말씀하신 사항을 다시 한 번 확인하겠습니다. →필수 파악 내용을 다시 한 번 재진술 및 요약 – 고객 불만 대상과 고객 요구 사항이 핵심 – BIFF활용하여 간단명료하게 요약 및 확인 진행
조치/처리 [대안제시]	고객님의 불편 사항에 대해서 저희는 [주요 처리지침에 제시된 유형에 따른 대안]에 따라 처리해 드리겠습니다. [대안 제시 내용] – 보상, 교체, 환불, 사과, 수리, 회수, 판정, 교환의 기준 – 현실적인 결과에 대한 정보 제공
고객반론	아, 그러시군요. 제가 말씀드린 내용은 고객님 상황을 최대한 고려하여 제시해 드린 것인데 마음에 들지 않으신다니 유감스럽습니다. 저희는 당사 규정 안에서 모든 업무를 처리하고 있으며 해당 사안은 수용하기 어렵다는 것을 알려 드립니다. 상위자 호출 / 개인적인 압박 등 이중적인 민원 제기 시 우측 클레임 유형별 응대 스크립트 참고해서 응대
마무리	[해결] 고객님의 불만이 원활하게 해결되어 저도 기쁩니다. 앞으로 더 좋은 서비스를 통해 고객님의 관심과 성원에 보답하도록 하겠습니다. [미해결] 고객님, 지금까지 문제 해결을 위해 최선을 다하였지만 도움 드리지 못해 죄송합니다. 당사에는 현장에서 해결되지 못한 고객 불편에 대해 처리해 주는 절차가 있으니 저희가 이 절차대로 고객님의 불편을 접수하여 드리도록 하겠습니다. [VOC 접수 및 등록 → CS 부서 및 해당 부서 이관 처리]
끝인사	안녕하세요? 저는 △△△△△ ○○○였습니다. 안녕히 계십시오.

클레임 유형별 응대 스크립트 참조

유형별 응대 스크립트

클레임 유형별 응대 스크립트

당신이라면 이 상황에 어떻겠냐고?

저 개인으로서는 의견은 가지고 있지 않습니다만 윗분(또는 관련부서)과 상의해서 기업 입장에서 답변을 드리도록 하겠습니다.

무릎 꿇으라고 하는 고객 대응

[1단계 대응]

고객의 부당한 지시 재확인 [무릎을 꿇으라고 하셨습니까?]

저희가 제공하는 서비스를 이용하시면서 불편이나 서운함을 느끼셨다니 정말 죄송합니다. 그렇다고 무릎을 꿇으라고 하시는 것은 바람직하지 않습니다.

[2단계 대응]

무릎을 꿇으라고 강요하시면 고객님도 죄를 묻게 되기 때문에 제가 이렇게 정중히 사과를 드리겠으니 화를 푸셨으면 좋겠습니다.

[3단계 대응]

- 부당함 안내 후 불만 사항 해결 위한 응대 지속
- 지속될 경우 응대 응대 불가함 안내 후 자리 이탈

윗사람 바꿔!!

[1단계 대응]

저희 서비스(상품)에 많이 실망하셨다니 죄송합니다. 제가 이 업무에 있어서 실무를 담당하고 있으니 제게 말씀해 주시면 최선을 다해 도와드리도록 하겠습니다.

[2단계 응대]

고객님이 요구하시는 사항은 제 재량 밖의 일로 책임 관리자에게 관련 내용 전달 후 빠른 시간 내 연락드리도록 하겠습니다.

그리고 유형별 응대 스크립트는 말 그대로 감정노동자들이 유형별 응대에 필요한 핵심 포인트 및 전체적인 응대 절차와 함께 표현법으로 구성된다. 응대 스크립트는 응대의 최종 목적이나 목표를 간과하지 않기 위한 지침이며, 응대 시 거부감 방지는 물론 무리 없는 고객 응대 흐름을 지도하기도 한다. 그뿐만 아니라 블랙컨슈머 대응 시 표준화된 응대 스크립트를 통해 절차를 알게 하여 두려움을 방지하고 자신감을 가지게 하는 등의 효과를 가져오기도 한다.

어떤 기업에서는 유형별 응대 절차서와 유형별 응대 스크립트를 이분화해서 매뉴얼을 개발하기도 하는데, 전체적인 응대 체계는 응대 절차서를 활용하고 민원에 따른 응대는 스크립트를 활용하는 것이 바람직하다고 생각한다. 실제 필자의 회사에서는 응대 절차서와 응대 스크립트를 동시에 활용하여 매뉴얼을 개발하는 방법을 취하고 있다.

악성고객 민원 응대 스크립트의 목적은 다양한 유형의 민원인을 대상으로 체계적인 대응을 통해서 업무 환경의 건전성을 제고하는 데 있기 때문에 아래와 같은 프로세스를 거쳐 작성하는 것이 바람직하다. 먼저 어떤 유형의 민원이 많이 발생하는지에 대한 분석과 파악을 하고 대상을 분류하는 작업이 선행되어야 한다. 민원 유형 분석은 아래에서 보는 바와 같이 고객 응대 이력이나 VOC 또는 고객 채널 분석, 직원 인터뷰 등을 통해서 이루어진다.

민원 유형에 대한 분석과 분류가 끝나면 다음으로 해당 민원 유형에 따라 스크립트를 작성해야 할지 여부를 확인하는 작업이 필요하다. 무조건 스크립트로 개발하는 것이 아니라 우선순위에 따라 꼭 필요한 것만 개발해야 하며, 응대 스크립트의 확산이나 난립을 막기 위해서라도 반드시 대상 여부를 확인하는 절차를 거쳐야 한다.

대상 여부를 확인하는 기준은 두 가지인데, 하나는 민원 처리의 난이도이고 또 다른 하나는 발생 빈도이다. 이 두 가지 요소를 매트릭스(Matrix) 분석을 통해 난이도도 높고 발생 빈도도 높은 유형의 민원을 먼저 개발하는 것이다.

이러한 기준에 입각해서 대상을 선택한 후 스크립트를 작성한다. 스크립트를 작성할 때는 반드시 시각적 구조화, 목록화 기법을 활용해서 응대 매뉴얼의 이용 편의성을 높여야 한다. 이 부분에 대해서는 뒤에서 자세히 설명하도록 하겠다. 응대 스크립트를 작성할 때는 민원과 관련된 부서별 또는 접점 직원의 요구 사항을 반영하여야 하며, 작성 후에는 지속적으로 보완 및 개선 작업이 이루어져야 한다. 최종적으로 작성된 스트립트를 활용해서 테스트를 진행한 후 리뷰를 통해 수정 및 보완이 이루어지면, 최종 감수 후 매뉴얼에 취합하는 과정을 거쳐 마무리된다.

매뉴얼이 완성된 후에는 적정성 분석 및 유효성 여부를 판단하는 절차를 통해 매뉴얼 개발 초기에 의도했던 기대치와 실제 결과치의 갭(Gap)을 줄여 가는 활동이 필요하다.

민원유형분석

- 고객응대 이력
- VOC / 내부 사례
- 고객채널 분석
- 직원 인터뷰

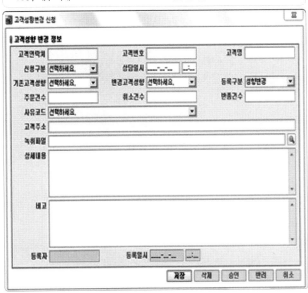

스크립트 대상 여부 확인

○ 업무 처리의 복잡성   ○ 우선순위
○ 발생빈도 고려

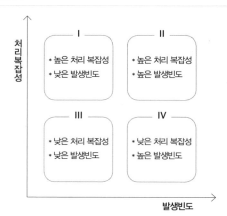

스크립트 개발(작성)

○ 시각적 구조화   ○ 부서별 요구 사항 반영
○ 목록화 기법   ○ 개발 후 보완 및 개선

핵심 메시지 및 가이드 영역

첫머리에 고객불만(클레임) 응대에 필요한 가이드 정보를 제공한다.

[포함되어야 할 내용]

주요 상담/응대 영역

응대 흐름에 따른 내용을 전개한다.
Opening – Body – Closing 구성

[포함되어야 할 내용]

상담/응대 지원 영역

클레임 응대 시 고객 반론, 연관 질문, 예상치
못한 질문에 대해 효과적으로 지원한다.

[포함되어야 할 내용]

Review(감수)

- 자체 리뷰
- 수정 및 보완 작업
- 업무 효과성 / 정보 정확성
- 감수 후 매뉴얼 취합

직원을 해고하라고 하는 경우

1. 직원에 대한 해고는 당사 규정에 위한 것이므로 단호하게 대처할 것
2. 해고해서도 안 되고 사내 규정에 의해서 처리될 것임을 시사하는 선에서 마무리할 것.
3. 지속적인 직원 해고 요구와 폭행 또는 협박 행위는 위법 행위라는 사실을 인식하고 대응.
4. 개선을 위한 교육 및 훈련 시행 사진 및 자료 요청 시 불가함 안내.

단계	대응내용	비고
사과 표현	고객님, 불편을 드려 죄송합니다. 저희 당사 내부적으로 직원 교육을 철저히 하여 이와 같은 일들이 다시는 발생하지 않도록 하겠습니다.	사고 및 재발 방지 약속
규정 안내	해당 직원에 대한 징계나 처벌은 당사에서 마련한 규정에 입각하여 처리될 사안입니다.	내부 구정에 입각행 처리도리 사안이라고 안내
법규 안내	고객님께서 불편한 사항을 겪었다는 점은 책임자로서 사과드리지만 해당 직원을 징계하라거나 퇴사를 요구하는 것은 위법에 해당하는 사항입니다.	해당 행위가 위법임을 안내
절차 안내	고객에게 불편을 드린 점은 죄송하지만 해당 사안은 당사에서 마련된 규정에 입각해 처리될 것임을 다시 한번 말씀드립니다.	동일한 조치 요청 시
응대 종료	고객님 도움 드리지 못해 죄송합니다. 직원 해고와 관련된 민원 업무는 종료하도록 하겠습니다.	

후속 조치

- 관련 내용 자체 기록 관리(고객관리시스템)
- 해당 고객에 의해 추가 상황이 발생할 수 있으므로 대비 필요(증거 자료 확보)
- 폭언 및 협박 행위에 대한 내용을 관련 부서와 공유

관계 법령 및 근거 기준

- 단순히 반복적인 민원을 제기하거나 장시간 불평을 제기한다고 손해배상 또는 형사처벌을 할 수 있는 법률적 근거는 없으나 불만을 제기하는 과정에서 폭력 또는 협박을 통해 권리행사를 방해할 경우 강요죄[제324조]에 해당하며 이는 5년 이하의 징역 대상

06

Q
바로 활용이 가능한
민원 응대 스크립트 작성 기법

민원 응대 스크립트는 크게 '핵심 지침 영역 – 주요 응대 영역 – 응대 지원 영역' 등 3가지 영역으로 구성되는데, 이를 시각적 구조화라고 한다. 시각적 구조화는 스크립트의 이용 편의성을 위해 스크립트 작성 시 시각적으로 부분적 요소나 내용이 서로 연관되어 있어 통일된 느낌을 주는 기법이나 구조를 의미한다.

시각적 구조화와 함께 민원 응대 스크립트를 작성할 때는 목록화 기법을 많이 사용하는데, 목록화 기법은 응대를 위해 필요한 정보나 지식을 한눈에 보고 이해할 수 있도록 정리한 기법이다. 보통 매뉴얼을 작성하다 보면 미사여구 및 장문의 응대 스크립트는 오히려 신속하고 정확한 응대를 방해하므로 응대에 필요한 지침이나 내용을 단순화하여 사용자에게 제공하여야 한다.

이러한 목적에 부합하기 위해 스크립트를 작성할 때는 목록화 기법을 활용하는데, 일반적으로 핵심 키워드나 요약된 문장 또는 명사형 종결 기법을 활용한다. 이를 통해 응대 스크립트의 공간성이 확보됨은 물론 응대 시간 절감 및 탄력적 대응이 가능해진다.

아래 그림은 시각적 구조화에 따른 민원 응대 스크립트이다. 맨 위 ①번이 핵심 지침 영역이고, ②번이 주요 응대 영역, 그리고 ③번이 응대 지원 영역이다.

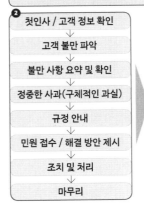

❶
- 민원 관련 일관된 응대 흐름을 위한 구체적인 지침 등을 반영
- 악성민원 응대 시 주의하여야 할 사항 (Do's & don'ts)
- 응대 목적의 명확화 및 악성 민원 응대 시 주요 지침
- 민원이 해결이 어려울 경우 연락체계 및 주요 조치 방법 안내
- 민원 관련 사내 규정 및 주요 정책 관련 주요 내용 반영 등

❷
첫인사 / 고객 정보 확인
↓
고객 불만 파악
↓
불만 사항 요약 및 확인
↓
정중한 사과 (구체적인 과실)
↓
규정 안내
↓
민원 접수 / 해결 방안 제시
↓
조치 및 처리
↓
마무리

❸ 민원 유형에 따른 지침 및 확인 사항
- 예상치 못한 민원에 대한 지침 제시
- 연관 민원에 대한 답변 준비(FAQ형태)
- 복합 민원에 대한 대응 지침
- 현장에서 파악 및 확보해야 할 증거 자료
- 해당 민원과 관련한 관계 법령 및 근거 기준
- 현장에서 증거 항목별 수집 방법 및 주의사항

후속 조치
- 민원 처리 후 관련 내용 자체 기록 관리
- 관련부서와 협조 요청 및 민원 이관
- 추가 상황 대비에 필요한 조치 외

핵심 지침 영역은 주로 응대 목적의 명확화를 위한 핵심 내용을 포함하며, 일관된 응대 흐름을 위한 가이드 및 지침 역할을 수행하는 영역이다.

주요 응대 영역은 민원 고객과의 응대 흐름이나 절차라고 할 수 있으며, 핵심 지침 영역에서 제시한 지침에 해당하는 세부적인 내용이 포함되어 있는 영역이다. 즉, 민원 응대 스크립트의 핵심이라고 할 수 있는데 실제 현장에서 응대할 때 쓰는 표현이 포함되어 있는 영역이다. 다양한 유형의 민원이 있기 때문에 일반화하기는 어렵지만, 위의 그림에서 보는 바와 같이 응대 절차서와 같아서 일관된 응대 흐름을 유지할 수 있다.

그리고 응대 지원 영역은 말 그대로 주요 응대 영역에서 다루지 못하는 내용들을 지원해 주는 영역이다. 예를 들어 예기치 못한 민원이나 연관 민원, 복합 민원 등과 관련한 답변이나 지침을 제공한다. 이외에도 현장에서 파악해야 할 증거 내용, 해당 민원과 관련된 법령이나 근거 기준을 제공하기도 하며 민원 처리 후 후속 조치와 관련된 지침이나 정보를 제공하기도 한다.

욕설·폭언 등 모욕을 주는 경우

#1 주장이나 의견이 아닌 화나는 상황에 대해서만 공감해 주며 경청한다.

#2 화를 내더라도 같이 화를 내지 않는다.(2차 민원 유발)

#3 정상적인 응대가 어려울 경우 2회 경고(필요 시 채증, 신고) 후 3회 차에 상담을 종료한다.

단계	응대	비고
고객 진정	고객님, 화가 나셨겠지만 진정하시고 차분히 말씀해 주시겠니까?	화가 난 상황에 대해 공감 및 경청
증거 확보	고객님, 계속 폭언(욕설)을 하시면 상담이 더 이상 어려우며 지금 폭언(욕설) 행위가 녹음 및 녹화되고 있으니 진정하시고 폭언(욕설)을 중단하여 주십시오.	스마트폰, CCTV 등으로 증거 자료 확보 (동료, 상급자 도움)
법적 경고	고객님, 폭언(욕설)을 즉시 중단해 주십시오. 폭언(욕설)을 지속하실 경우 관계법령에 따라 처벌받을 수 있으며 두 차례에 걸쳐 욕설 및 폭언 자제를 요청드렸으나 고객님께서 수용하지 않아 도움 드리기 어렵습니다.	
응대 종료	(전화 상담 시) 통화를 이만 종료하도록 하겠습니다. (대면 안내 시) 안내를 마치도록 하겠습니다	

 ──────── **후속 조치** ────────

- 폭언 및 협박 행위에 대한 내용을 관련 부서와 공유
- 관리자에게 보고하고 블랙컨슈머 관리 파일에 해당 내용 등록(별도 이력관리)

 ──────── **관계 법령 및 근거 기준** ────────

- 형법 제283조(협박죄)에 해당하며 5년 이하의 징역 또는 1천만 원 이하의 벌금 부과
- 협박 시 내부 규정에도 없는 금품을 요구할 경우 공갈죄[제350조]가 성립→ 10년 이하의 징역 또는 2천만 원 이하의 벌금 부과

감정노동자 보호 매뉴얼 민원 응대 스크립트 예시(출처: D사 매뉴얼)

시각적 구조화를 이용해서 민원 유형별 응대 스크립트를 작성할 때는 위에서 제시한 대로 하는 것도 좋지만, 이용 편의성을 고려하여 배치를 달리할 수도 있다. 필자가 감정노동자 보호 매뉴얼을 개발할 때는 위 예시와 같은 배치를 활용하기도 한다.

위 매뉴얼에서 단계를 대응 절차로 보면 되고, 옆에 있는 응대 내용이 스크립트이며, 비고란에 있는 것을 응대 지원 영역이라고 보면 된다. 그리고 비고란에 넣기 어려운 내용은 아래 '후속 조치'와 '관계 법령 및 근거 기준'을 배치시킨 것처럼 변형이 가능하다.

4부

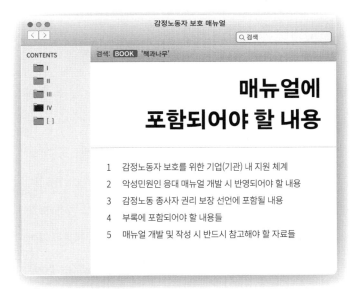

감정노동자 보호 매뉴얼

검색: BOOK '책과나무'

매뉴얼에
포함되어야 할 내용

1   감정노동자 보호를 위한 기업(기관) 내 지원 체계

2   악성민원인 응대 매뉴얼 개발 시 반영되어야 할 내용

3   감정노동 종사자 권리 보장 선언에 포함될 내용

4   부록에 포함되어야 할 내용들

5   매뉴얼 개발 및 작성 시 반드시 참고해야 할 자료들

01

감정노동자 보호를 위한
기업(기관) 내 지원 체계

감정노동자 보호 매뉴얼에 반영되어야 할 내용 중에는 감정노동자 보호를 위한 기업(기관) 내 구체적인 지원 체계가 마련되어 있어야 한다. 사실 감정노동자 보호를 위한 지원 체계는 가장 핵심적인 내용 중 하나라고 할 수 있다. 따라서 지원 체계에는 감정노동자 보호 체계도는 물론 구체적인 보호 대책 및 절차가 포함되어야 있어야 한다. 다음 예시에서 보는 것과 같이 일목요연하게 단계적으로 어떤 조치를 취해야 하는지가 구체적으로 제시되어야 한다.

감정노동자 보호 매뉴얼 지원 체계에 포함되어야 할 내용으로는 위의 내용 말고도 감정노동 보호 조직 운

고객응대근로자 보호 체계도

1단계	2단계	3단계	4단계
악성민원에 대한 경고 조치	내부 보고 경찰 신고(112)	감정 회복 및 치료	악성 행위에 대한 후속 조치
증거 확보 및 법적 조치 가능함을 사전 안내 및 경고	– 악성민원인 격리 또는 직원 피신 – 녹취 전화기 활용	직원 진정을 위한 휴식 및 치료	고발 및 고소 등 법적 조치

고객응대근로자 보호 대책 및 절차

보호절차	전화 등 비대면 응대 시	대면 응대 시
사전 안내 및 증거 확보 (1, 2단계)	• ARS 설치: 상담 전 전화 안내 멘트로 직원 존중 문구 송출 • 전화기 녹음 기능 활용	• 담당자 업무 시 사전 안내 문자 또는 현장 안내 표지, 터치소리 활용: 사전 안내로 고객 인지 가능 • 상담 시 녹음 진행(사전 안내, 공지) • 관리자 및 경찰서에 연락(호출)
감정 회복 및 치료 (3단계)	• 악성민원인 대응 직원은 관리자(팀장)에게 보고 • 팀장은 직원 피해 상황을 고려하여 30분 이상의 휴식시간 부여 • 정신적인 충격이 클 경우 전문가의 소견을 근거로 병가 활용	
법적 조치 (4단계)	• 부당한 민원 제기에 따른 정신적·물질적 피해 발생 시 대응하기 위한 증거 확보 (CCTV, 녹음 내용, 증인, 진단서 등) • 회사 또는 법률 자문 서비스를 통한 후속 조치 및 체계적인 대응 • 사안에 따른 대응 차등화 내용증명(통보서)	

감정노동자 보호를 위한 지원 체계(출처: 한국감정노동인증원)

영, 감정노동자 보호를 위한 환경 조성, 업무 처리 재량권 부여, 현장 중심의 예방 교육 및 훈련 실시, 고객 응대 과정에서 문제 발생 시 필요한 대응 지침 및 사후 관리 활동에 대한 내용도 구체적으로 반영되어야 한다.

이외에도 지원과 관련한 구체적인 활동이 명시되어 있어야 한다. 예를 들어 고객 응대 과정에서 고객의 폭언, 폭행 및 부당한 행위에 대한 응대 후 휴식 시간 제공, 감정노동으로 인한 스트레스 완화를 위한 심리 치료 프로그램 운영, 긴급 상황 시 신변 보호 및 안전을 위한 호신용 도구 제공, 성폭력 피해 상담 지원 및 의료 지원, 법률·수사 지원, 심리 치료 지원, 상황에 따른 휴식 근무 장소 변경, 병가 등의 조치, 폭행 및 상해 피해 직원 치료비 지원, 법률 자문 서비스(변호사) 운영 등 지원에 관한 내용이 구체적이어야 한다.

추가적으로 위의 내용 외에도 감정노동으로 인한 스트레스 예방 프로그램 운영이나 직원 보호 안내문을 게시한다거나 블랙컨슈머 또는 악성민원에 대한 전담팀 운영 등이 포함될 수 있다. 다만 위에서 설명한 내용을 모두 갖출 수 없다면, 우선 당장 시행이 가능한 내용부터 매뉴얼에 녹여 내고 이를 현장에서 적용할 수 있도록 하는 것이 바람직하다.

감정노동자 보호 안내문4 (출처: 서울시 감정노동 종사자 권리보호센터)

---

4 위 콘텐츠는 서울시 감정노동 종사자 권리보호센터(http://www.emotion.or.kr) 홈페이지 '자료실 〉홍보자료'에 가면 다운로드 받아 활용할 수 있다.

02

악성민원인 응대 매뉴얼 개발 시 반영되어야 할 내용

감정노동자 보호 매뉴얼에는 악성민원인 대응에 대한 지침이 포함되어야 한다고 앞서 설명한 바 있다. 현장에서 가장 활용도가 높은 것이 바로 악성민원인 응대 지침이 아닐까 싶은데, 매뉴얼을 작성한다면 적어도 아래 내용을 고려해야 한다.

먼저 악성민원인에 대한 정의를 내리고 유형을 분류하여 이를 지침에 반영한다. 사전에 악성민원인에 대한 정의 및 유형이 명확하지 않으면 현장에서 섣부른 판단을 해서 일을 악화시키는 경우가 발생할 수 있기 때문이다. 따라서 타사 기준이 아닌 자사만의 기준에 입각한 악성민원인에 대한 정의를 내려야 한다. 보통 VOC

나 내부 직원 FGI조사 등을 통해 악성민원인의 유형을 파악하고, 외부 전문가 또는 경험이 많은 내부 직원들의 사례나 의견을 통해서 정의 및 유형을 구분하는 활동이 선행되어야 한다.

이렇게 악성민원인에 대한 정의가 명확하게 이루어져야 향후 법률적으로 문제가 되는 유형과 그렇지 않은 유형을 구분해서 대응할 수 있다. 자세한 내용은 다음 표를 참고하기 바란다.

구분	법적으로 문제가 되는 유형	법적으로 문제가 되지 않은 유형
정의	고객의 행위 자체가 법률상으로 문제가 되어 해당 법률에 따라 고소를 통해 법적인 조치나 처벌이 가능	고객의 행위가 법적으로 문제가 되지는 않지만 정당한 업무 수행을 방해하거나 정상적인 범주를 넘어서 악성민원으로 진화할 가능성이 높음
유형	• 욕설, 폭언 • 성희롱, 성추행, 성폭력 • 폭행, 폭력 • 업무 방해 및 기물 파손 • 인터넷이나 언론을 통한 모욕 및 협박 등	• 지속적인 클레임 및 불만 제기 • 규정 외 보상 및 요구 • 인격 무시하는 태도 • 상급자와의 면담 요구 • 응대 과정 중 직원을 오해하는 경우 등

위의 표에서 보는 바와 같이 향후 감정노동자를 보호하는 차원에서 고소 또는 고발을 할 경우, 악성민원에 대한 정의가 명확하지 않으면 대응하기 어렵다. 무엇보

다도 악성민원에 대한 정의가 명확하지 않으면, 고객 응대를 할 경우 감정노동을 수행하는 직원 입장에서는 혼란을 느낄 수 있다.

앞에서 설명했듯이 일반 고객이나 기업, 기관의 명백한 잘못으로 인해 발생하는 고객의 불만에 대해서는 CS적인 측면에서의 접근이 필요하다. 하지만 그렇지 않은 경우에는 위험관리 차원에서의 접근이 필요한데, 악성민원인에 대한 정의가 명확하지 않으면 CS적인 접근을 해야 할지 아니면 위험관리 차원에서 대응해야 할지에 대한 의사결정을 내리기 어렵다.

따라서 악성민원인을 판단하는 기준을 명확히 하는 것이 악성민원에 대처하기 위한 출발점이 된다. 그렇다면 악성민원인을 판단하는 기준은 무엇일까? 아직 이에 대한 기준이 없는 상황에서 몇 가지 준거가 될 수 있는 특성을 연구한 국내 자료[5]가 있으니 참고하기 바란다.

---

5 2013년 이은경 님의 박사 학위 논문인 「'블랙컨슈머'의 개념화와 척도 개발에 관한 연구」를 인용하였으며 제시한 특성 이외에 필자가 비윤리성을 포함시켜 판단 기준의 근거로 제시함

특성	내용
고의성	• 고객 행동이 '계획적인 것'인지에 대한 여부 • 자신의 행위로 인해 어떠한 결과가 발생할 것인지를 인식하였음에도 불구하고 그러한 행위를 하는 성질 • 자신에게 유리한 방향으로 유도하려는 목적으로 사전에 계획한 의도 및 정황 포함
기만성	• 남을 속여 넘기는 성질을 의미하며 이러한 성질이 의도적으로 드러 났는지 여부 • 보통 기만은 숨김과 보여 줌의 교묘한 기술로 정의되는데, 자신의 잘 못을 감추고 상대방을 속이려는 의도를 가졌는지 여부
상습성	• 어떠한 특정한 행위가 단순히 한 번에 그치지 않고 반복적으로 일어 나는 특성 • 과정 또는 결과로서의 교환, 환불, 보상 행위가 반복되는지 여부
억지성	• 정상적인 방법으로는 잘 안될 수 있는 일을 무리하게 해내려는 특성 • 무지 또는 비양심에 기인함 • 고객의 억지 주장이나 생떼의 형태로 발현
과도성	• 정상적인 정도에서 '벗어난' 또는 '지나침'을 의미함 • 흔히 과도한 보상이나 부당한 요구 형태로 발현
비윤리성	• 고객으로서 마땅히 행하거나 지켜야 할 도리를 지키지 못하는 비윤 리적 특성 • 타인의 아픔 등에 대한 공감 능력이 없는 미성숙함 • 폭언, 폭행, 성희롱, 과도한 보상 요구의 형태로 발현

다음으로 악성민원인으로부터 현장 감정노동자를 보호한다는 내용을 반영하여야 한다. 감정노동자 보호법 (산업안전보건법 개정안)에 의거한 내용을 반영하거나 폭언, 성희롱, 폭행 등 고객응대근로자의 이익 저해 행위

를 금지한다는 내용도 포함하여야 한다. 이와 함께 이익 저해 행위 시 현장 직원에 대한 보호 지침을 명확화해야 한다. 예를 들어 업무 중지권이나 휴식 또는 관리자 이관 등 취할 수 있는 조치나 행동이 구체적이어야 한다. 자의적인 판단이 아닌 매뉴얼에 명시된 지침에 따라 업무를 중지하거나 휴식을 취할 수 있고 심리적인 부담 없이 관리자에게 이관할 수 있는 것만으로도 훌륭한 매뉴얼이 될 수 있다.

이외에 지식과 정보는 물론 문제 해결에 대한 지침이 구체화되어야 한다. 특히 문제 해결에 대한 추상적인 접근이 아닌 명확한 지침이 제시되어야 현장에서 혼선이 없고 민원을 처리하는 데 어려움을 겪지 않는다. 예를 들어 문제 해결 절차는 물론 구체적으로 허용되는 표현이나 안내 문구가 있어야 하며, 지침에 대한 정의 및 의사결정이 어려울 경우 상급자로의 이관이 명확하게 명시되어야 한다. 표현도 "할 수도 있다", "~가능하다", "~을 고려할 수 있다"와 같은 모호하거나 불확실한 표현이 아닌 "~대응한다", "~해야 한다"와 같이 구체적이고 명확한 표현이어야 혼선을 최소화할 수 있다.

그뿐만 아니라 악성민원인에 대한 단계별 대응 및 처리 절차를 제시해야 한다. 고객 응대 과정에서 발생하는 문제를 해결하고 도와주는 공식적인 제도와 절차가 마련되어야 하는데, 가장 중요한 것이 바로 표준화된 대응 절차를 마련하는 것이다. 실제로 대응 절차 및 표준화 부재 시 현장 대응이 어려우므로 절차는 구체적으로 제시되어야 한다. 현장에서 발생하는 문제와 관련하여 대응을 할 때 중요한 것은 대응 단계별로 주의가 필요한 사항들을 분명하게 명시하여야 한다는 것이다. 예를 들어 민원 고객을 응대하는 데 있어서 해야 할 것과 하지 말아야 할 것에 대한 명확한 지침이 제시되어야 한다. 이와 함께 감정적인 대응을 최소화하기 위해서라도 지침이 필요하며, 무엇보다도 현실적인 대안을 제시하거나 민원 고객 응대 시 허용 가능한 최소한의 한계선을 설정해서 응대의 탄력성을 확보해 주는 것이 바람직하다.

다음으로 민원을 제기하는 고객을 응대한 후 후속적

으로 취해야 할 조치나 구체적인 행동이 반영되어야 한다. 민원 고객을 응대한 후 현장 고객응대근로자가 어떻게 행동하고 조치해야 할지 모른다면 문제가 있는 매뉴얼이라고 할 수 있다. 매뉴얼에 따른 지침에는 반드시 응대 후 추가적으로 취할 조치나 활동이 구체적으로 명시되어 있어야 한다. 구체적으로 고객 관리 시스템이나 VOC 입력 사항 및 관련 부서 이관을 해야 한다면, 방법은 물론 이관해야 할 부서나 관리자를 명시해야 한다. 만약 법적인 조치가 필요한 사항이라면 현장에서 확보한 증거나 파악된 내용들을 어느 부서의 누구에게 전달하고 이관해야 하는지에 대한 내용이 매뉴얼에 구체화되어 있어야 후속 조치가 바르게 일어날 수 있다.

마지막으로, 고객 응대 업무를 수행하면서 감정노동자가 행사할 수 있는 권리가 무엇인지를 반영하여야 한다. 흔히 감정노동자의 권리 보장이라고도 하는데, 예를 들면 위에서 언급한 고객의 부당한 요구에 업무를 중단할 수 있거나 현장에서 발생하는 문제에 대해서 적절한 재량권을 부여할 수 있음을 명시하는 것이 좋다.

또한 매뉴얼에 있는 지침대로 이행한 결과에 대해서 해고나 인사상의 불이익을 받지 않는다는 것을 명시해야 한다. 감정노동자의 권리 보장과 관련해서는 다음 장에서 설명하겠다.

03

감정노동 종사자 권리 보장 선언에 포함될 내용

감정노동 종사자의 권리 보장 선언은 매뉴얼에 포함되어야 하는 사항인데, 필자의 경우 '감정노동자가 취할 수 있는 권리'로 변경해서 활용하기도 한다. 감정노동 종사자 권리 보장이 꼭 매뉴얼에 포함되어야 하는 것인가에 대해서는 필자도 확답을 주기는 힘들지만, 매뉴얼 성격상 감정노동자의 인권과도 관련이 있을 뿐 아니라 감정노동자로서 보장받는 권리를 대내외적으로 선포하는 성격이 커서 반영하는 것이 바람직하다고 생각한다.

권리 보장 선언의 주요 내용은 고용노동부와 산업재해예방 안전보건공단에서 개발한 '고객응대근로자 건강보호 가이드라인과 직종별 매뉴얼'을 참고해서 자사 상황에 맞게 수정 또는 보완하는 것이 좋다.

그러나 고용노동부와 공단에서 제공하는 감정노동 종사자 권리 보장 선언의 경우, 기업이나 기관에 제시하는 가이드라인 성격이 짙으므로 해당 내용을 그대로 수용하되 자사의 상황에 맞게 수정해서 반영하면 된다. 감정노동 종사자 권리 보장 선언의 주요 내용은 아래와 같다.

① 감정노동 종사자는 부당한 내용이나 무리한 요구를 하는 고객을 대면하는 경우, 다른 직원으로 교체를 요구할 수 있는 권리가 있다.

② 감정노동 종사자는 고객으로부터 부당한 대우를 받은 경우, 이를 신속하게 소속 기업(기관)에 알려 고객으로부터 보호받을 수 있는 권리가 있다.

③ 기업(기관)은 업무의 일시적 중단이나 전환을 할 수 있는 기준이나 상황을 제시하여 감정노동 종사자가 신속하게 위험 상황에서 벗어날 수 있도록 한다.

④ 기업(기관)은 현장에서 발생하는 문제에 대응하기 위하여 현장 감정노동 종사자에게 적절한 재량권을 부여할 수 있다.

⑤ 기업(기관)은 고객으로부터 부당한 대우를 받은 감정노동 종사자를 보호하기 위하여 휴게 시간을 연장하거나 휴일을 제공할 수 있다.

⑥ 기업(기관)은 감정노동 종사자가 블랙컨슈머 또는 문제 행동 민원인에 대한 조치 의견을 제시한 경우, 감정노동 종사자의 의견을 최대한

반영하여 조치하여야 한다.

⑦ 기업(기관)은 감정노동 종사자가 블랙컨슈머 또는 문제 행동 민원인에 대해 매뉴얼에 제시된 응대 멘트 내용대로 대응한 직원에게 해고, 징계 등의 불이익 처분을 하지 않는다는 내용을 매뉴얼에 제시한다. 매뉴얼대로 수행한 감정노동 종사자의 개인 정보는 보장하여야 하며, 어떠한 불이익 처분도 하지 않는다.

감정노동 종사자의 권리 보장 선언[6]

고용노동부와 산업재해예방 안전보건공단에서 제공한 감정노동 종사자의 권리 보장 선언에 대한 지침에 더해 현장에서 고객 응대 업무를 수행하면서 직원 스스로 자신을 보호하는 동시에 타인에게도 허용하고 지켜 주어야 할 권리들도 함께 매뉴얼에 반영하면 좋다.

예를 들어 '감정노동자로서 보호받을 권리'나 '실수할 수 있는 권리' 또는 '고객의 억지 주장이나 규정 외 요구 사항에 대해서 단호하게 NO라고 말할 수 있는 권리' 또는 '스스로 상처입지 않을 권리' 외에도 '사과 또는 구구절절이 설명하지 않을 권리' 등도 포함될 수 있다.

이러한 권리는 탑다운(Top-down) 방식으로 이루어지

---

6 권리 보장 선언 내용은 고용노동부와 산업재해예방 안전보건공단에서 개발한 '고객응대근로자 건강 보호 가이드라인과 직종별 매뉴얼'을 참고, 인용함

기보다 직원들이나 현장 관리자의 의견을 충분히 수렴
하여 매뉴얼에 반영하는 것이 바람직하다.

04

Q **부록에 포함되어야 할 내용들**

감정노동자 보호 매뉴얼의 핵심은 크게 감정노동자 보호 체계, 감정노동자 현장 표준 응대 가이드 및 유형별 응대 매뉴얼, 감정노동으로부터 자기 보호(Self-care) 등 세 가지로 분류할 수 있다. 이외에 세 가지 핵심 내용에 포함되지 않는 것은 대부분 부록 형태로 반영하는 것이 일반적이다.

그렇다면 부록에는 어떤 내용이 포함되면 좋을까? 먼저 감정노동과 관련하여 자가 진단할 수 있는 체크리스트나 진단 테스트 항목을 추가하는 것이 바람직하다. 감정노동 자가 진단테스트를 통해 감정노동자 스스로 스마일 마스크 증후군이나 번아웃(Burn-out) 증후군

우울증 예방 수칙(출처: 서울시 정신건강증진센터 정신건강브랜드 '블루터치')

은 아닌지 알아보고, 업무를 수행하면서 느끼는 감정노동의 수준을 진단할 수 있도록 해당 내용을 포함시키는 것이 좋다.

진단 테스트 자료는 고용노동부나 한국산업안전보건관리공단에서 제공하는 자료를 활용하는 것도 좋고 검색을 통해서 관련 자료를 수록하는 것도 좋다. 다만 저작권과 관련해서는 출처를 표기하거나 사전에 저작권과 관련하여 원저작권자에게 허락을 얻어야 한다.

다음으로 감정노동과 관련하여 발생할 수 있는 질환에 대한 예방 수칙 등을 자료화하여 이를 부록에 반영한다. 대표적인 것이 바로 우울증 예방을 위한 수칙이라고 할 수 있다.

우울증 예방 수칙의 경우 서울시 정신건강브랜드 '블루터치'에 있는 내용을 활용하면 좋은데, 출처를 밝히거나 사전에 서울시 정신건강증진센터에 문의 후 활용하는 것이 좋다.

이외에도 감정노동을 수행하는 과정에서 도움이 될 수 있는 다양한 지식과 정보를 제공하는 것이 좋다. 최근에는 스마트폰의 확대 보급으로 인해 스마트폰을 활용한 감정노동 수준 진단은 물론 힐링에 도움을 주는 어플(App.) 등을 수록하고 공유하는 것도 한 가지 방법이다.

다음으로 매뉴얼 본문에는 실리지 않았지만 자사의 감정노동자들을 위한 맞춤화된 자료를 반영하는 것도 좋다. 예를 들어 방문 서비스가 많을 경우 최근 반려견을 키우는 세대의 증가로 인해 물림 사고가 자주 발생하는데, 이를 위해 개 물림 예방 지침이나 개 물림 예방을 위한 대처법을 매뉴얼에 반영해 줄 것을 요청하는 경우도 있다. 고객들이 자신의 반려견은 절대 물지 않는다고 하지만 의외로 물리는 사고가 많이 발생하기 때문이다.

이외에도 감정노동 건강 예방과 관련해서 도움을 받을 수 있는 기관을 반영하는 것도 좋다. 예를 들어 산업안전보건공단 근로자건강센터가 전국 각 지역에 있으므로 이들 주소나 연락처를 매뉴얼에 공유하는 것이다. 근로자건강센터는 의사, 간호사, 산업위생전문가, 근골

격계 질환 전문가, 심리 상담사 등 전문 인력이 직무스트레스 교육 및 정보 제공, 직업병 상담 등 최소한의 공공 기초직업 건강 서비스를 무상으로 제공하는 곳이다.

또한 부록에는 감정노동자 보호 지침, 현장 관리자가 알아야 할 감정노동자 감정 케어 방법이나 지침을 반영하는 것도 좋다. 매뉴얼은 자사의 공식적인 문서이고 지침이므로 관리자가 알고 있어야 할 내용을 수록함으로써 관리자는 물론 직원들 스스로가 감정노동에 어떻게 대처해야 하는지를 명확하게 알 수 있고, 문제 발생 시 의사결정의 기준이나 판단의 근거가 되기 때문이다.

이외에도 악성민원인 행위 유형별 법적 처벌 근거를 반영하거나 고객 응대 과정에서 필요한 서비스 불편 등록카드 양식을 포함하는 것도 좋다. 사실 부록에 반영되어야 할 내용은 매뉴얼을 개발하는 사람의 의견이나 다른 기관이나 기업에서의 사례를 참고하는 것도 좋지만, 사전 기획이나 작성 단계에서 자사 직원들을 대상으로 어떤 내용이 포함되어 있으면 좋을지에 대한 정보를 수집하고 이를 매뉴얼에 녹여내는 것이 좋다. 다음

표는 부록에 추가적으로 반영하면 좋을 만한 내용들을 정리한 것이다.

구분	주요 내용
특이 민원 발생 보고서	특이 민원 발생 시 사후 조치 차원에서 작성하여 관련 부서와 공유
법률 지원 신청서	감정노동자 이익 저해 행위(폭력, 성희롱 등)에 대한 피해에 따른 법률적 지원 요청 시 필요한 신청서 양식
치료비 지원 신청서	고객 응대 과정에서 폭행 및 상해 피해 직원 치료비 지원에 필요한 신청서 양식과 함께 치료에 소요되는 비용은 기업(기관)에서 보장하는 범위 내에서 지원(보장 범위는 보호 및 지원 체계 반영)
현장 녹취 요령 및 법적인 근거 조항	업무 중 협박, 욕설, 성희롱 발생 시 현장 녹취 요령에 대한 구체적인 행동 지침과 법적인 근거 조항 반영
감정노동자 지원 프로그램별 이용 방법	감정노동 근로자 보호 및 지원을 위한 구체적인 프로그램과 이용 방법 소개(심리 치료 및 심리 상담, 스트레스 자가 진단 외)

05

매뉴얼 개발 및 작성 시
반드시 참고해야 할 자료들

Q

필자에게 많은 분들이 매뉴얼을 개발하거나 작성한다면 어떤 자료를 참고해야 하는지를 물어오는 경우가 많다. 대부분 콘텐츠를 구성하는 내용은 회사 내부 자료나 인터뷰를 통해 수집하는 경우가 많다. 그러나 해당 내용을 정교하게 다듬거나 현장에서 활용할 때 좀 더 구체적이고 실무적으로 접근하려면 참고할 자료를 찾아서 활용하는 것이 좋다.

문제는 '어떤 자료를 찾아서 활용해야 하는 것인가?'이다. 필자의 경우, 다양한 경로를 통해 자료를 얻는다. 자료를 찾으려면 대부분 인터넷 포털 사이트를 검색해서 찾는 것이 일반적이지만, 문제는 유용한 정보인지

쓸모없는 정보인지 구분할 수 없을 정도로 너무 많은 정보로 넘치기 때문에 꼭 필요한 정보를 찾기 어렵다는 단점이 있다. 또한 단순히 검색창에 키워드만 입력해서 참고가 될 만한 자료를 찾는다면 너무나 많은 시간이 소요된다.

만약 포털 사이트를 이용해서 참고 자료를 이용한다면 구글(www.google.co.kr)을 추천한다. 특히 구글에서 고급 검색을 이용하거나 최근 자료를 얻으려면 '감정노동' 또는 '감정노동자 보호 매뉴얼'과 관련한 최신 정보를 알림 설정해 놓는 것이 좋다. 특히 감정노동과 관련한 최신 논문이나 정기간행물에 있는 내용의 경우, 구글 학술검색 첫 페이지에 있는 드롭다운(Drop down)의 통계 기능을 선택한다면 해당 주제와 가장 관련이 깊은 논문들을 일목요연하게 볼 수 있다.

그렇지만 포털 사이트 검색만으로는 한계가 있으므로 다른 방법을 통해 참고 자료를 찾고 활용하는 것이 좋다. 실제로 감정노동자 보호 매뉴얼을 개발할 때 참고할 수 있는 자료는 조금만 노력하면 얼마든지 찾을 수 있다. 대부분 고용노동부(www.moel.go.kr)나 한국산업 안전관리공단(www.kosha.or.kr) 또는 그 산하기관의 자료 실에는 여러분들이 매뉴얼을 개발할 때 참고할 만한 자료들이 많이 있다. 이외에 국가인권위원회(www.hr.go.kr) 또는 서울시 감정노동 종사자 권리보호센터(www.emotion.or.kr) 등의 자료실에도 다양한 자료들이 있다.

감정노동자 보호 매뉴얼과 관련해서는 고용노동부와 산업재해예방안전보건공단에서 발간한 『콜센터 종사자 자기 보호 매뉴얼』이나 『감정노동 종사자 건강 보호 핸드북』을 참고하면 좋다. 실제 현장의 목소리를 담아 개발했기 때문에 수정해서 활용하기에 좋다. 해당 매뉴얼이나 핸드북에는 고객에 의한 폭력 등이 발생했을 때 노동자에게 업무 중단권 부여, 피해 노동자에게 심리 상담·치료 기회 제공, 민·형사상 조치에 필요한 법률적 지원 등 대응 조치뿐만 아니라 고객 응대 업무 매뉴얼 구비, 스트레스 유발 행위 금지를 요청하는 문구 게시, 과도한 업무 모니터링 자제 등 건강 장해 예방 조치까지를 포함하고 있다.

그리고 공개적으로 매뉴얼을 공유한 기업도 있는데, 많은 분들이 알고 있다시피 구글에서 '롯데백화점 감정노동자 자기 보호 매뉴얼'을 검색하면 해당 pdf파일을 다운로드 받을 수 있다. 해당 자료는 산업재해예방안전보건공단 자료실에서도 다운로드 받을 수 있으니 참고 바란다. 롯데백화점 감정노동자 자기 보호 매뉴얼은 감정노동자 보호 매뉴얼 중 가장 현장 중심적인 내용을 수록하고 있으므로 포맷을 활용해서 자사 매뉴얼을 개발할 때 참고하면 좋다. 매뉴얼에는 블랙컨슈머 대응을 위한 다양한 콘텐츠를 반영하고 있으며, 감정노동 자가진단 수록 외에 참고할 만한 내용이 많다.

이외에도 고용노동부가 2019년에 발간한 '고객응대근로자 건강 보호 가이드라인과 직종별 매뉴얼'을 활용하는 것이 좋다. 공공기관에서 감정노동과 관련하여 직접적으로 가이드라인을 제시하고 직종별로 매뉴얼을 상황에 맞게 반영하였기 때문에 현장에서 활용하기에 좋다. 다만 악성민원인 응대에 대한 구체적인 조치나 표현 및 대안이 부족한 것이 단점이다. 따라서 해당 자료를 활용해서 자사에 맞게 맞춤화 작업이 필요하다. 가끔 개발 컨설팅을 진행하다 보면, 위 자료를 감정노동자 보호 매뉴얼이라고 해 놓고 배포했는데 현장에서 활용이 되지 않는다고 걱정하는 분들이 있었다. 당연히 참고 자료는 참고 자료일 뿐, 자사 상황에 맞게끔 수정 및 보완 작업이 이루어져야 한다.

이외에도 문제 행동 소비자 행동 유형별 법적인 내용을 참고하고 싶다면 법무법인 율촌, 기업소비자전문가협회가 공저한 『문제 행동 소비자 행동 유형별 법적 분석』이라는 책을 참고하길 바란다. 이 책에는 다양한 유형의 블랙컨슈머에 대한 대응 및 판결 예시가 다수 수록되어 있어 유용하다.

위에서 언급한 참고 자료와 기타 추가 참고 자료를 정리하자면 다음과 같다.

참고 자료	주요 내용	비고
감정노동 종사자 건강 보호 핸드북	• 감정노동 관련 다양한 콘텐츠 반영 • 기업별 감정노동자 건강 보호 우수 사례 수록 • 감정노동 종사자 건강 보호를 위한 조치 사항 • 부록에 고객 응대 업무 매뉴얼 및 감정노동으로 인한 스트레스 증상 완화법 소개	고용노동부
문제 행동 소비자 행동 유형별 법적 분석	• 블랙컨슈머에 대한 법적 대응 시 도움 • 다양한 유형의 블랙컨슈머에 대한 대응 및 판결 예시 수록	율촌, 기업소비자 전문가협회 (OCAP)
고객응대근로자 건강 보호 가이드라인과 직종별 매뉴얼	• 가장 실무적인 내용을 반영한 가이드라인 제시 • 매뉴얼 작성 시 체계 관련 내용 참고 · 활용 • 고객응대근로자 보호 관련 규정 • 고객응대근로자 건강 보호 예방 조치 • 고객응대근로자의 건강 보호 사후 조치 등 수록	고용노동부
롯데백화점 감정노동자 자기 보호 매뉴얼	• 블랙컨슈머 정의 및 응대 매뉴얼 • 감정노동자 권리 보장 및 사내 소통 채널 소개 • 부록에 스트레스 및 우울증 자가 진단 수록 • 우울증 예방 관련 팁(Tip) 소개 등	롯데백화점
여성감정노동자 인권 수첩 여성감정노동자 인권 가이드	• 여성감정노동자들이 보장받을 수 있는 권리 • 건강한 노동, 고통과 불편 줄이기 • 감정노동 기 살리는 경영 대안 제시 • 책임과 배려가 대세, NEXT STEP 외	국가인권위원회
서울시 감정노동자 보호 가이드라인	• 감정노동 종사자 보호 6대 기본 지침 • 감정노동 종사자 보호를 위한 응대 매뉴얼 • 강성 민원 유형별 민원 대응 방법 • 감정노동 종사자 법적 권리 보장 외	서울시

참고 자료	주요 내용	비고
블랙컨슈머, 이렇게 대응하라!	• 블랙컨슈머 정의 기준 • 블랙컨슈머 현장 대응 전략 및 지침 • 블랙컨슈머 대응 기법 및 유형별 응대 표현 • 블랙컨슈머 유형별 처벌 법령 및 사례 • 블랙컨슈머 협상 및 대응 테크닉 외	박종태(더문)
감정노동, 이렇게 대응하라!	• 감정노동자 보호법의 이해 • 감정노동자 보호법 대응 방안 • 감정노동자 보호 매뉴얼 개발 • 직무 스트레스 예방과 감정 완화 기법 • 감정노동에 의한 스트레스 자가 진단법 • 감정 조절 및 셀프 감정 케어법	박종태(더문)

부록

검색: BOOK '책과나무'

감정노동자 보호
우수 기업(기관) 인증 소개

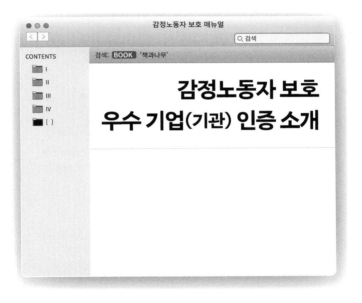

감정노동자보호 우수 기업 인증이란 감정노동과 관련하여 기업의 감정노동 관리 및 해결 등 감정노동 전반에 걸친 기업의 노력과 제반 활동을 평가한다. 기업 운영의 핵심이라고 할 수 있는 직원들이 안심하고 일할 수 있는 분위기 조성은 물론 감정노동을 생각하는 기업이 고객에게도 좋은 기업이라는 인식을 확산시키기 위해 마련되었다.

구분	주요 내용
인증 평가 및 주요 대상	• 인증 평가 및 시행 주체: 한국감정노동인증원 • 신청 대상: 감정노동자를 직간접적으로 고용한 기업 및 기관
인증 평가 및 기준	• 인증평가는 1차 서면평가와 2차 현장 평가로 구분하여 진행 • 감정노동자 보호와 관련한 4가지 영역을 평가하여 70점 이상이면 우수 기업 및 기관 인증 부여
인증 유효 기간 및 재인증	• 신규 인증(2년) · 유효 기간 연장(2년) · 재인증(2년) ※ 재인증 후에는 2년 단위로 재심사함
인증 수행 범위	• 인증 수행 범위는 최고 경영자의 리더십, 감정노동자 보호체계, 감정노동 관리, 감정노동 예방 등 총 4개 영역에 한함 ※ 인증 평가는 12개의 중(中) 항목과 37개의 세부 항목으로 구성

○ 감정노동자 보호 우수 기업 및 기관 인증 기대 효과

- ◦ 감정노동 현황 및 진단을 통한 개선점 도출

- ◦ 정부의 감정노동자 보호 정책에 대한 선제적인 대응

- ◦ 감정노동자 보호 활동에 대한 전사적인 분위기 확산

- ◦ 감정노동자 보호를 위한 목표 수립 및 달성을 위한 전사 활동 전개

- ◦ 업무의 질 향상 및 기업 이미지 향상

- ◦ 감정노동자의 업무 몰입도 및 직무 만족도 증가

- ◦ 감정노동자 보호 우수 기업 인증 마크의 전략적 활용

○ **감정노동자 보호 우수 기업 및 기관 인증 심사 결과 보고서**

인증 심사 후 자사 감정노동에 대한 세부 보고서를 통해 감정노동과 관련한 주요 이슈를 평가하고 이를 개선하기 위한 개선안을 제시한다. 감정노동 인증 과정에서 얻게 된 정보와 현황을 통해 영역별 이슈 도출은 물론 주요 이슈별 개선 방향성과 감정노동 관련 주요 개선 과제 및 이행 계획 수립을 제시한다. 아래는 인증 심사 보고서에 포함된 결과물이다.

인증 평가 항목 및 평가 결과	각 영역별 세부 평가 결과
• 최고 책임자(CEO) 리더십 • 감정노동자 보호 체계 • 감정노동자 보호 및 관리 활동 • 감정노동 예방 활동 체계	• 각 영역별 평가 점수 및 리뷰 • 평가 항목과 관련한 평가위원 의견 • 각 영역별 핵심 평가 항목 • 각 영역별 세부 평가 항목
주요 개선 과제 및 방향성 제시	**인증 심사 평가 종합 의견**
• 개선을 위한 주요 이슈 요약 • 주요 이슈별 개선 방향성 제시 • 주요 개선 기회 도출 • 주요 개선 전략 과제 도출	• 평가기업(관) 영역별 우수 사례 • 보완 및 개선이 필요한 영역 리뷰 • 인증 심사 종합 의견 및 총평[제언]

○ 감정노동자 보호 우수 기업 및 기관

국민연금공단, 준정부기관 최초 '감정노동자 보호 우수기관' 인증 획득

성남도시개발공사, 공기업 최초 감정 노동자 보호 우수기관 인증

대우에스티, 감정노동자 보호 우수기업 인증 획득

강남구 도시관리공단, 지방 공기업 최초 '감정노동자 보호 우수 기관' 인증 획득

국립자연휴양림관리소, 중앙행정기관 최초로 감정노동자 보호 우수기관 인증!!

국내 1호 감정노동자 보호 우수기관에 'JDC면세점'

감정노동자 보호 우수 기업 및 기관 인증 문의

전화 02-985-0365 / 인터넷 www.kccel.kr